Uta Over

Mein erstes eigenes Pferd

WISSEN
RUND UM
PFERDE

Die Deutsche Bibliothek – CIP-Einheitsaufnahme

Over, Uta:
Mein erstes eigenes Pferd / Uta Over. – München : F.
Schneider, 1995
(Wissen rund um Pferde)
ISBN 3-505-10263-6

Dieses Buch wurde auf chlorfreies,
umweltfreundlich hergestelltes
Papier gedruckt.

© 1996 by Franz Schneider Verlag GmbH
Schleißheimer Straße 267, 80809 München
Alle Rechte vorbehalten
Titelfoto: Lothar Lenz
Umschlaggestaltung: Art-Design Claudia Wolfrath
Zeichnungen: Christine Abée
Lektorat: Carola Nowak
Herstellung/Satz: FIBO Lichtsatz GmbH, München
Druck/Bindung: Ludwig Auer GmbH, Donauwörth
Bindung: Conzella Urban Meister, München-Dornach
ISBN: 3-505-10263-6

INHALT

Inhalt

Inhalt

Warum ein eigenes Pferd?

Wenn du dir ein eigenes Pferd wünschst, solltest du dich zunächst nach den Gründen für diesen Wunsch fragen

Warum ein eigenes Pferd?

Viele Mädchen träumen von einem eigenen Pferd – aber oft bleibt es beim Träumen. Falls du dir wirklich ernsthaft ein Pferd wünschst, solltest du dir ganz ehrlich die Frage stellen, weshalb du diesen Wunsch hast. Wenn du dir darüber im klaren bist, kannst du dir und deinem zukünftigen Pferd nämlich viele Schwierigkeiten ersparen.

Vielleicht wünschst du dir ein Pferd, weil du es ganz für dich alleine haben möchtest. Du möchtest es alleine putzen und reiten dürfen und mit ihm schmusen; und selbstverständlich würdest du es sehr lieben. Sicherlich gehst du davon aus, daß dein Pferd dich dann genauso liebt und genauso mit dir schmust. Und das wünsche ich dir auch.

Oder hättest du gern ein eigenes Pferd, weil du mit den Pferden in der Reitschule nicht so gut zurechtkommst? Vielleicht sind sie dir zu unpersönlich oder zu abgestumpft? Ein Schulpferd hat kein leichtes Leben, und es kann nicht die Zuneigung jedes Reitschülers erwidern. Das kann man von ihm auch nicht erwarten.

Könnte es vielleicht sein, daß du den Pferden im Schulbetrieb die Schuld daran gibst, daß manches beim Reiten noch nicht so gut klappt? Möglicherweise hast du auch manchmal ein bißchen Angst vor ihnen und denkst dir, bei einem eigenen Pferd wäre das bestimmt ganz anders.

Oder bist du reiterlich schon so gut, daß dir die Schulpferde nichts mehr beibringen können? Dann müßtest du allerdings schon fünf bis sechs Jahre regelmäßigen Reitunterricht gehabt haben.

Erst wenn du weißt, aus welchen Gründen du ein eigenes Pferd haben möchtest, kannst du dir darüber klarwerden, was für ein Pferd für dich in Frage kommt.

TIP
Überlege mal, ob du dir schon ganz lange ein Pferd wünschst oder erst seit kurzem. Wenn du es dir schon lange wünschst, meinst du es wohl ernst. Wenn du den Wunsch erst seit kurzem hast, dann warte doch noch ein bißchen mit der Anschaffung. Du hast ja Zeit!

Welches Pferd ist das richtige?

HAUPTSACHE: EIN PFERD

Es ist schon verständlich, wenn es dir zunächst egal ist, was für ein Pferd du bekommst. Hauptsache Pferd. Aber so einfach ist das nicht. Das Pferd soll ja auch zu dir passen, sonst werdet ihr beide zusammen nicht glücklich. Du solltest dir also die Frage stellen, was du mit dem Pferd machen möchtest. Denn davon hängt es ab, welche Pferde für dich in Frage kommen.

Möchtest du hauptsächlich im Gelände reiten und träumst von langen Ritten im Wald oder von einem rasenden Galopp über die Stoppelfelder? Gilt deine Liebe eher der Dressur? Dann mußt du allerdings schon eine Zeitlang Reitunterricht genommen haben – man kommt nämlich erst langsam auf den Geschmack. Es kann auch sein, daß

Welches Pferd ist das richtige?

du springen und auf Turniere gehen möchtest – es gibt ja so viele Möglichkeiten, Pferde zu reiten. Und es gibt so viele ganz unterschiedliche Pferde!
Schließe doch mal für einen Augenblick die Augen und stelle dir vor, was du am liebsten mit deinem Pferd tun möchtest. Dann siehst du nämlich „dein" Pferd auch schon vor dir und weißt, ob es ein Pferd einer ganz bestimmten Rasse sein soll oder ob dir die Rasse im Grunde egal ist. Das ist schon mal ein Anfang.

Pony, Kleinpferd oder Großpferd? Das ist eine der Fragen, die du klären mußt

Welches Pferd ist das richtige?

TIP
Schau dir so viele Pferde wie möglich an, und stelle dir immer vor, du solltest sie reiten. Nur im Vergleich findest du das richtige Pferd.

PONY ODER GROSSPFERD?

Das ist reine Geschmackssache. Es gibt Leute, die auf Ponys „schwören", während sich andere Reiter nie „auf so was Kleines" setzen würden.

Als vernünftiger Reiter sollte man für alle Pferderassen offen sein, und Ponys sind keineswegs nur für Kinder geeignet. Denke doch mal an die Islandpferde – seit mehr als tausend Jahren tragen sie auf Island erwachsene Reiter! Und die Großpferde sind auch erst seit knapp hundert Jahren so groß. Früher lag das Stockmaß, also die Widerristhöhe, des Durchschnittspferdes zwischen 1,50 und 1,55 Metern. Erst seitdem die Pferde auf Turnieren immer höher springen müssen, werden sie immer größer gezüchtet.

Wenn du in erster Linie ein zuverlässiges, trittsicheres und ausdauerndes Geländepferd haben möchtest, solltest du durchaus an ein Pony denken. Willst du aber auf Dressur- und Springturniere gehen, solltest du vielleicht eher ein Großpferd wählen. Mit einem solchen Pferd kannst du auch noch an Turnieren teilnehmen, wenn du erwachsen bist.

Welches Pferd ist das richtige?

Wenn du mit deinem Pferd an Turnieren
teilnehmen möchtest, solltest du dich für ein Warmblutpferd
oder für ein Turnierpony entscheiden

Es gibt zwar ganz ausgezeichnete Turnierponys, aber die sind meistens so zierlich gebaut, daß sie nur für junge Reiter geeignet sind. Eigentlich sind solche Ponys die optimalen Turnierpferde für Jugendliche, weil sie zur Körpergröße der Reiter passen – aber von solch einem Pony müßtest du dich in einigen Jahren trennen, wenn du weiter auf Turniere gehen willst.
Wenn du allerdings eine kleinere Schwester oder einen kleineren Bruder hast und das Pony „in der Familie" bleiben kann – dann solltest du dich bei den Turnierponys umsehen.

EINE BESTIMMTE FARBE?

Manche Leute wollen unbedingt einen Friesen haben, weil alle Friesen pechschwarz sind. Und für andere kommt kein Pferd außer einem Haflinger in Frage, denn Haflinger sind immer Füchse mit heller Mähne und hellem Schweif.

Ich habe früher immer gesagt, ich würde *nie* einen Schimmel haben wollen, weil ich weiße Pferde nicht so gerne mag – und weil es so lange dauert, bis man sie richtig schön saubergeputzt hat. Trotzdem habe ich jetzt einen Schimmel im Stall, denn die Farbe spielte plötzlich gar keine Rolle mehr, als ich ihn sah.

Natürlich ist die Farbe wichtig, jeder hat da eine bestimmte Vorstellung. Aber sie sollte nie der Grund sein, sich für oder gegen ein Pferd zu entscheiden. Viel wichtiger als die Farbe ist das Wesen des Pferdes und seine Eignung für dich.

RASSEPFERD ODER „MIX"?

Ob ein Pferd umgänglich und gut zu reiten ist, hängt nicht von der Rasse ab. Gute Pferde gibt es in jeder Pferderasse; und Pferde ohne Papiere, also Mischlinge, sind auch nicht schlechter als Pferde mit Papieren.

Bei den Pferden mit **Abstammungsnachweis** kennt man die Eltern und Großeltern sowie die ferneren Verwandten und hat von vornherein eine gewisse Garantie für bestimmte Eigenschaften: Es gibt Pferderassen, die besonders freundlich sind, andere sind dem Menschen gegenüber eher zurückhaltend. Manche Rassen sind bekannt für ihre Schnelligkeit und Ausdauer, andere für ihre besondere Intelligenz oder gutes Springvermögen. Die meisten Pferderassen sind auf bestimmte Eigenschaften hin gezüchtet. Und wenn man eine spezielle Eigenschaft bevorzugt, sollte man sich der Rasse zuwenden, bei der diese Eigenschaft besonders ausgeprägt ist.

Wenn man aber ein gutes Gebrauchspferd sucht und etwas von Pferden versteht, kann man sich genausogut ein Pferd ohne Abstammungsnachweis kaufen. Viele berühmte Pferde hatten auch keine Abstammungspapiere.

Wer allerdings auf Turniere gehen möchte, der sollte nach einem Pferd mit Papieren Ausschau halten. Denn nur Pferde mit Abstammungsnachweis dürfen in den höheren Klassen starten.

TIP
Orientiere dich nicht an Pferden, die du in Filmen gesehen hast. Echte Pferde sind nun mal ganz anders!

Manchmal ist es auch so, daß man ein Pferd sieht und sagt: „Hallo, da bist du ja!" Dann steht genau das Pferd vor dir, von dem du immer geträumt hast – und in einem solchen Fall ist es sowieso egal, ob es Papiere hat oder nicht.

TIP

Achte darauf, daß dein Pferd auch körperlich zu dir paßt: Wenn du groß und dünn bist, solltest du ein Pferd suchen, das auch schlank und zierlich ist. Bist du klein und ein bißchen rund, suche dir ein schönes kompaktes Pferd mit abgerundeten Formen. Pferd und Reiter sollen ja auch harmonisch aussehen.

EINE GANZ BESTIMMTE RASSE

Du hast dich entschieden: Dein Pferd soll von einer ganz bestimmten Rasse sein.

Was hat dich zu diesem Entschluß gebracht? Hast du vielleicht im Reitunterricht ein Pferd dieser Rasse geritten und es besonders gern gemocht? Oder hast du etwas über diese Rasse gelesen oder einen Film gesehen?

All das würde als Entscheidungsgrundlage nicht ausreichen. Auch innerhalb einer Rasse sind die Pferde sehr unterschiedlich, und der Werbung einzelner Züchter oder Zuchtverbände darf man nicht immer glauben.

Haflinger beispielsweise werden oft als die idealen Kinderpferde dargestellt. Manche sind sicherlich auch gut für Kinder geeignet, aber die meisten haben einen viel zu starken Willen für junge Reiter. Und Araber sieht man auf Fotos, meistens mit wehendem Schweif und rollenden

Augen. Dabei sind sie ausgesprochen sanfte Pferde, die dem Menschen sehr zugetan sind. Also Vorsicht mit Werbeprospekten!

Vielleicht willst du aber auch einfach deshalb eine bestimmte Rasse haben, weil du diese Pferde besonders schön findest. Bist du jedoch sicher, daß sie für dich geeignet sind?

Oder du möchtest ein Pferd haben, das für eine bestimmte Reitweise geeignet ist – vielleicht ein Westernreitpferd oder ein Pferd, das tölten kann. In diesem Fall ist es gut, wenn du dich auf eine spezielle Rasse festlegst.

Fürs Geländereiten ist beispielsweise ein Islandpferd
hervorragend geeignet, das dich im
Tölt sicher und erschütterungsfrei trägt

TIP

Tölt und Paß sind Spezialgangarten, die viele Pferderassen haben. Bekannt dafür sind die Islandpferde, aber auch die südamerikanischen Tölter wie Paso Peruanos oder Paso Finos. Der Tölt hat die Fußfolge der Gangart Schritt, nur in viel schnellerem Tempo. Du „hüpfst" dabei nicht im Sattel, sondern sitzt bequem wie im Schritt – auch noch bei Geschwindigkeiten von vierzig Stundenkilometern! Im Paß bewegen sich die Vorder- und Hinterbeine einer Körperhälfte (fast) gleichzeitig vorwärts. Du kennst das bestimmt vom Kamel. Wenn du gerne schnell reitest, solltest du dir auch Pferderassen ansehen, die Paß gehen. Rennpaß ist eine total rasante Angelegenheit, echt fetzig!

Wenn du also an ein Pferd einer bestimmten Rasse denkst, solltest du den entsprechenden Zuchtverband anschreiben. Dort gibt man dir Anschriften von Leuten, bei denen es solche Pferde zu kaufen gibt. Und dorthin fährst du dann mit deinen Eltern und schaust dir die Pferde gründlich an.

Eine kleine Entscheidungshilfe möchte ich dir auf den nächsten Seiten geben. Dort kannst du nachsehen, welche Rassen sich besonders für welchen Zweck eignen.

Welches Pferd ist das richtige?

TIP

Lies so viele Sachbücher über Pferde wie möglich – besonders über spezielle Rassen. So lernst du viel über die Besonderheiten der einzelnen Pferderassen.

WELCHE RASSE FÜR WELCHEN ZWECK?

In der folgenden Tabelle erhältst du auf einen Blick die wichtigsten Informationen über mehr als zwanzig Pferderassen. Natürlich können hier nicht alle Rassen beschrieben werden. Dafür gibt es besondere Bücher; dies soll nur eine kleine Übersicht sein.

Rasse	Aussehen	Besondere Eignung
Andalusier	kräftiges, aber sehr adeliges Pferd	Geländereiten, phantastisches Dressurpferd
Araber	mittelgroßes, edles und sensibles Pferd	wunderbares Geländepferd, Westernreiten
Berber	kompaktes, doch elegantes Pferd	super Geländepferd
Bosniake	starkes Kleinpferd	sehr gutes Geländepferd
Camargue-pferd	kleines, kompaktes Pferd	Geländepferd, aber auch Dressurpferd

Welches Pferd ist das richtige?

Rasse	Aussehen	Besondere Eignung
Connemara	elegantes, kompaktes Kleinpferd	Allroundpferd – es kann wirklich alles
Criollo	starkes kleines Pferd aus Argentinien	Geländepferd
Dartmoor	kleines, oft elegantes Pferd	sehr gutes Kinderpony
Dülmener	fast immer maus-graues Halbwildpony	Geländepferd
Englisches Vollblut	großes, sehr elegantes Pferd	für alles geeignet
Fjordpferd	starkes, mutiges Klein-pferd, immer Falbe	sehr gutes Gelände-pferd
Friese	immer Rappe, ein elegantes Pferd	gutes Fahrpferd, Dressurpferd und fürs Gelände geeignet
Haflinger	Fuchs mit heller Mähne, kräftiges Kleinpferd	trittsicheres Gelände-pferd, oft Dressur- und Springveranlagung
Islandpferd	kleines, starkes Pony aus Island	wichtigste Eigen-schaft: Tölt und Paß
Lipizzaner	kraftvolles Pferd, sehr elegant	gutes Gelände- und Dressurpferd
Lusitano	mittelgroßes, elegantes Pferd	zuverlässiges, tempera-mentvolles Gelände- und Dressurpferd

Rasse	Aussehen	Besondere Eignung
Orlow-Traber	elegantes, leichtes Pferd	hauptsächlich Fahrpferd
Paso Fino	kleines, sehr elegantes Pferd mit viel Temperament	geht Spezialgangarten wie Tölt
Pinto	Schecke	Allroundpferd, wird nach Farbe gezüchtet
Quarter Horse	ein wahres Muskelpaket, dabei sehr umgänglich	das bekannteste Westernreitpferd, leicht zu reiten
Schwarzwälder Fuchs	kraftvolles, kleines Kaltblutpferd, fast immer Fuchs mit heller Mähne	hauptsächlich Fahrpferd
Shagya-Araber	mittelgroßes, elegantes Pferd	erstklassiges Reit- und Fahrpferd
Shetlandpony	eines der kleinsten Ponys	Reit- und Fahrpony mit eisernem Willen
Shire Horse	sehr großes, kräftiges Kaltblutpferd	reines Fahrpferd für schwere Lasten
Warmblutpferd *	großes Reit- und Fahrpferd	Gelände, Dressur, Springen und Fahren
Welsh-Pony	drei Größen von 1,22 bis 1,49 Meter	erstklassiges Gelände- und Dressurpony

Rasse	Aussehen	Besondere Eignung
Welsh Cob	kräftiges Pferd, wird bis 1,58 Meter groß	Jagd- und Springpferd

* Unter die Bezeichnung Warmblut fallen fast alle großen Reitpferde wie beispielsweise Holsteiner, Oldenburger, Trakehner, Westfalen, Württemberger und so weiter.

ICH MÖCHTE EIN FOHLEN HABEN

Viele Mädchen träumen davon, ein Fohlen ganz für sich allein zu haben und später auch selbst auszubilden.

Natürlich ist es schön, ein Pferdekind aufwachsen zu sehen; aber ein Fohlen braucht das Zusammenleben mit Gleichaltrigen in einer Herde. Wenn du es in einen Stall oder allein auf eine Weide stellen möchtest, würdest du ihm die Kindheit arg vermiesen. Auch wenn du dein Fohlen sehr liebst – du kannst ihm nie Ersatz für seine Artgenossen sein, und dein Fohlen kann mit dir all die tollen Fohlenspiele leider nicht spielen.

Als Besitzerin eines Fohlens hast du in den ersten drei Jahren nicht viel von deinem Pferd. Denn das sind seine Kinderjahre, in denen es wachsen und spielen und sich mit anderen Fohlen kabbeln soll, bevor der „Ernst des Lebens" beginnt. Außerdem braucht man für die Erziehung und Ausbildung eines jungen Pferdes sehr viel Erfahrung – von einem Fohlen würde ich dir deshalb ernsthaft abraten.

WIE ALT SOLL DAS PFERD SEIN?

„Junges Pferd und alter Reiter – altes Pferd und junger Reiter!" Das ist ein alter Pferdespruch, und wie alle Sprichworte hat er einen wahren Kern.

Ich kann mir schon vorstellen, daß du gern ein junges Pferd hättest, mit dem du viele Jahre zusammensein kannst. Aber die Sache hat einen Haken. Ein junges Pferd muß viel lernen: sich ordentlich zu benehmen, unter dem Reiter zu gehen, vielleicht zu springen und sich sicher im Gelände zu bewegen.

Alle diese Dinge kann ihm nur jemand beibringen, der schon sehr lange reitet, der viel Erfahrung mit Pferden hat und auch die nötige Geduld aufbringt, wenn das junge Pferd einmal etwas nicht versteht oder ein bißchen Blödsinn macht.

Kannst du das? Ehrlich – ich halte es für unmöglich, denn du hast einfach noch nicht genug Erfahrung. Vielleicht, ganz vielleicht könntest du ein junges Pferd unter der Anleitung eines sehr guten Reitlehrers ausbilden und konditionieren. Denn auch das ist zu bedenken: Ein junges Pferd hat noch keine Kondition; es muß Muskeln aufbauen, um dich tragen zu können. Die Knochen und Sehnen müssen gestärkt werden, und es ist ganz wichtig, daß das junge Pferd nicht überanstrengt wird. Ich glaube, den Traum von einem jungen Pferd solltest du lieber begraben und statt dessen an ein bereits ausgebildetes, erwachsenes Pferd denken, von dem du etwas lernen kannst.

Welches Pferd ist das richtige?

Erst mit sieben Jahren ist ein Pferd ausgewachsen und voll belastbar, auch wenn leider viele jüngere Pferde schon im Turniersport gehen. Das ist „Kinderarbeit", die verboten werden sollte. Für dich wäre wohl ein acht- bis zehnjähriges Pferd am besten geeignet. In diesem Alter sollte das Pferd eine gute Ausbildung und genügend Kondition haben. Sein Selbstbewußtsein ist recht ausgeprägt, so daß du nicht an jeder Ecke Angst haben mußt, daß dein Pferd scheut. Du hast einen Partner, auf den du dich hundertprozentig verlassen kannst. Und das ist ein sehr angenehmes Gefühl!

Außerdem kannst du von solch einem erwachsenen und schon ausgebildeten Pferd viel lernen. Du mußt nur „abfragen", was es kann – wenn du die richtigen Hilfen gibst, wird es tun, was du von ihm erwartest. Gibst du verkehrte Hilfen, so wird es diese nicht verstehen. Dann mußt du darüber nachdenken, was du falsch gemacht hast – und so lernst du von deinem Pferd korrektes Reiten.

Du mußt nicht befürchten, du könntest dein Pferd nicht mehr lange genug reiten: Auch mit zwanzig und mehr Jahren sind viele Pferde durchaus noch leistungsfreudig und belastbar!

Wo soll dein Pferd leben?

Wenn du dir ein Pferd wünschst, hast du dir sicherlich auch schon überlegt, wo du es unterbringen möchtest. Das ist sehr wichtig, denn es gibt ganz unterschiedliche Möglichkeiten, Pferde zu halten.

Wenn du bisher nur deinen Reitstall kennst, solltest du deine Eltern bitten, mit dir ein bißchen herumzufahren und zu schauen, wie die Pferde woanders untergebracht sind.

Natürlich hängt die Haltungsform manchmal auch von der Rasse ab. So wird zum Beispiel kaum ein Islandpferdebesitzer sein Pferd in eine Box stellen: Islandpferde lieben ihre Herde oft mehr als den Menschen und brauchen das Herdenleben unbedingt für ihr Wohlbefinden.

Ein Warmblutpferd hingegen lebt häufiger in einer Box im Reitstall, obwohl es sich vermutlich auch in einer Gruppe wohler fühlen würde.

Wo soll dein Pferd leben?

Du solltest dein Pferd so natürlich wie möglich halten.
Es wird sich am wohlsten fühlen, wenn es gemeinsam mit
anderen Pferden in einem Offenstall mit Auslauf lebt

Wenn du schon einen Stall für dein Pferd hast, ist dieses Kapitel für dich vielleicht nicht so interessant. Du solltest es dennoch lesen, damit du weißt, ob du dein Pferd artgerecht unterbringst.

TIP
Denk immer daran, daß das Pferd ein Lauftier ist – es braucht auch Bewegung, wenn es nicht geritten wird. Nur so bleibt es geschmeidig und leistungsfähig.

WAS BRAUCHT EIN PFERD ZUM LEBEN?

Egal, für welche Pferderasse du dich entschieden hast – einige Grundbedürfnisse sind für alle Pferde gleich: Pferde brauchen Licht und Luft, Bewegung, Futter und soziale Kontakte.

Pferde sind Fluchttiere. In der Natur jagen sie keine Tiere, sondern ernähren sich von Pflanzen. Die natürlichen Feinde der Pferde sind Raubtiere, und da sie sich gegen Angreifer nicht gut wehren können, haben sich die Pferde auf die Flucht spezialisiert. Ihr ganzer Körper ist so konstruiert, daß sie im Notfall sofort losspurten können. Dazu muß ein Pferd natürlich fit sein, und das ist es nicht, wenn es den ganzen Tag nur herumsteht. Pferde können mit ihren Zähnen immer nur kleine Portionen Gras abrupfen, und in der Natur gibt es auch keine fetten Weiden, so daß sie während der Futtersuche und des Fressens viele Kilometer zurücklegen. Das gibt Kondition, und die Muskeln sind nie steif, weil sie durch das ständige langsame Gehen immer gut durchblutet sind. Müßte sich ein Pferd in der Natur erst auf die Flucht vorbereiten, indem es sich durch langsame Bewegung „aufwärmt", so hätte es keine Chance gegen ein Raubtier.

Pferde sind zwar schon seit etwa 6000 Jahren Haustiere, aber im Vergleich zu ihrer langen Entwicklungsgeschichte ist das nur eine kurze Zeit. Und so ist ihr Erbgut noch sehr stark in ihnen verankert.

Wenn man Pferde ohne Bewegung in einer Box stehen

Wo soll dein Pferd leben?

läßt, werden sie krank. Sie bekommen Koliken und haben Probleme, sich richtig zu bewegen. Zwar toben sie dann vielleicht unkontrollierbar herum, weil sie ihren Bewegungsdrang loswerden müssen. Sehr oft verletzen sie sich dabei aber, da ihre Sehnen und Bänder vom Stehen steif und nicht geschmeidig sind. Außerdem ist ihre Lunge nicht ausreichend trainiert, wenn sie nur im Stall stehen. Ein Pferd, das immer ein bißchen in Bewegung ist, atmet viel tiefer, und die Lunge wird besser durchblutet als bei einem Stallpferd. Klar, daß die Lunge eines Boxenpferdes viel anfälliger für Krankheiten ist, weil sie eben nicht so abgehärtet und damit zur Krankheitsabwehr bereit ist.

TIP
Überlege mal, was du an Regentagen mit deinem Pferd machst! Muß es dann im Stall stehen, oder kann es sich draußen frei bewegen, ohne daß du reiten „mußt"?

Die Haut ist das größte Organ des Pferdes, und auch sie braucht den ständigen klimatischen Reiz, also Sonne, Wind und Regen, um elastisch und gleichzeitig widerstandsfähig zu sein. Du weißt vielleicht auch, wie empfindlich Pferde sind, die ständig mit einer Decke im Stall stehen. Sie dürfen nicht dem kleinsten Luftzug ausgesetzt sein – sonst erkälten sie sich sofort. Ein natürlich gehaltenes Pferd hält dagegen auch einen kräftigen Regen aus, ohne gleich krank zu werden.

DIE RICHTIGE FÜTTERUNG

Der Magen des Pferdes ist ziemlich klein, und auch das hat seinen Grund darin, daß das Pferd ein Fluchttier ist – mit vollem Magen kann es nämlich nicht schnell losspurten. Also frißt das Pferd immer nur kleine Mengen, damit der Magen nicht belastet wird. Pferde nehmen in der Natur auch nur relativ leicht verdauliches Futter zu sich. Körner wie Hafer oder Gerste fressen sie kaum – und wenn, dann nur in allerwinzigsten Mengen.

Es ist also logisch, daß eine größere Menge Getreide für den Pferdemagen Schwerstarbeit bedeutet. Das hat auch noch einen anderen Grund: An einem Pfund Heu frißt ein Pferd etwa zwanzig Minuten, ein Pfund Hafer hat es in wenigen Minuten weggeputzt – der Magen wird also viel schneller gefüllt. Da der Pferdemagen so empfindlich ist und nur kleine Mengen aufnehmen kann, müssen Pferde, die in der Box stehen, mindestens dreimal täglich gefüttert werden. Auf der Rennbahn wird das Futter sogar in bis zu sieben Portionen aufgeteilt, so daß der Pferdemagen nie ganz voll oder total leer ist.

Das Grundfutter des Pferdes ist Gras oder Heu. Ein Pferd, das nicht arbeiten muß, kann damit auskommen und

Wo soll dein Pferd leben?

braucht kein Kraftfutter wie Hafer oder Gerste. Das benötigen Pferde nur dann, wenn sie viel Energie verbrauchen, also viel leisten müssen.

Egal, ob das Pferd arbeiten muß oder nicht: Mineralfutter braucht es in jedem Fall zusätzlich. Unsere Weiden und unser Heu sind nicht so mineralstoffreich wie natürliche, ungedüngte Wiesen. Die meisten Weideböden werden seit Jahrzehnten gedüngt und liefern so gut wie keine Mineralstoffe mehr. Mineralfutter kann man in Form von Briketts oder Pellets füttern.

Die Pferdefütterung erfordert viel Erfahrung – du solltest nicht allein entscheiden, was dein Pferd an Futter bekommt. Bedenke, daß dein Pferd ja darauf angewiesen ist, daß du es richtig fütterst. Du kannst dir von deinem Taschengeld Süßigkeiten oder einen Hamburger kaufen, wenn du Appetit darauf hast – dein Pferd kann das nicht. Also mußt du für eine ausgewogene Ernährung sorgen und solltest dich von Fachleuten beraten lassen.

TIP
Schau dich in der Nähe des Stalles genau um, ob dort nicht Pflanzen wachsen, die für Pferde giftig sind. Robinie (falsche Akazie) und Thuja beispielsweise sind hochgiftig: Schon die Aufnahme von winzigen Pflanzenteilen führt zum Tod des Pferdes!

DER LEBENSRAUM DES PFERDES

Du hast bereits erfahren, daß Pferde Fluchttiere sind. Ein Fluchttier bekommt sofort Panik, wenn man es einsperrt. Denn seine einzige „Waffe" ist ja die Flucht. Du könntest einwenden, daß die Pferde bei uns keine Feinde haben, weil es hier ja keine Raubtiere gibt. Stimmt – aber die Pferde wissen das nicht, und man kann es ihnen nicht erklären. Ihre Ur-Instinkte, zu denen der Fluchttrieb gehört, sind noch so stark, daß wir sie akzeptieren und uns nach ihnen richten müssen.

In der Natur bevorzugen Pferde freie Flächen, über die sie einen guten Überblick haben. Hier sehen sie Feinde schon von weitem und haben genügend Platz, um bei ernsthafter Gefahr loszuspurten. Außerdem mögen die meisten Pferde Stellen im Gelände, über die der Wind streicht. Er bringt ihrem erstklassigen Gehör nämlich Informationen über das, was rundherum vorgeht. Man sieht das am Spiel der Ohren, auch wenn die Pferde nicht den Kopf wenden. Zudem ist der Wind im Sommer angenehm kühl auf dem Fell – und auch im Winter ist er kein Problem: Das Pferd dreht ihm einfach sein Hinterteil zu; der dicke Schweif schützt die empfindlichen Geschlechtsorgane und die inneren Organe. An windstillen Stellen im Tal jedoch bekommt das Pferd keine Informationen über seine Umgebung und fühlt sich in der Falle. Außerdem sind hier meist Schwärme von winzigen Mücken, die die Pferde quälen. Wenn Pferde die Wahl haben, suchen sie deshalb

Wo soll dein Pferd leben?

immer den Aufenthalt auf einer leicht windigen Höhe mit gutem Überblick.

Pferde sind „harte Burschen" – sie scheuen Sonne und Regen normalerweise nicht, aber bei gewissen Wetterlagen suchen sie doch einen Schutz: Bei allzu starker Sonne gehen sie gern in den Schatten, und bei tagelangem Regen suchen sie sich ein trockenes Plätzchen, damit sie nicht total durchnäßt werden.

Wenn du dir also ein Pferd anschaffen willst, mußt du nicht nur sein Bedürfnis nach Licht, Luft, Bewegung und richtigem Futter berücksichtigen, sondern auch auf seinen Lebensraum Rücksicht nehmen und ihn möglichst den Bedingungen in der freien Natur angleichen.

TIP

Es ist zwar schön, wenn ein Stall luxuriös aussieht – für das Pferd ist es aber wichtiger, daß es ausreichend Licht, Luft und Bewegung hat.

SICHERE ZÄUNE

Egal, ob dein Pferd hauptsächlich in der Box lebt und nur stundenweise in einen Auslauf kommt oder ob es mit anderen Pferden in der Gruppen-Auslaufhaltung lebt – sein Lebensraum muß umzäunt sein.

Nichts ist gefährlicher als ein unsicherer Zaun. Deshalb solltest du dein Pferd nur dort unterbringen, wo die Zäune wirklich verletzungs- und ausbruchssicher sind.

Ein **Holzzaun** ist für die Pferde eine gute optische Begrenzung: Sie sehen ihn schon von weitem und akzeptieren ihn auch. Der Zaun muß allerdings so hoch sein wie der Widerrist des größten Pferdes auf der Weide. Die Zaunpfähle sollten nicht weiter als drei Meter voneinander entfernt sein und zu einem Viertel in der Erde stecken. Die waagrechten Bretter müssen mindestens zehn bis fünfzehn Zentimeter breit sein. Wenn man Rundhölzer nimmt, sollten diese einen Durchmesser von mindestens acht Zentimetern haben. Am Holzzaun entlang muß innen ein Elektrozaun gespannt sein, damit die Pferde nicht den Kopf durch den Holzzaun nach draußen stecken können. Das Gras, das dort wächst, schmeckt nämlich immer besser ...

Elektrobänder sind eine praktische Sache – aber sie sind nicht ganz so sicher, wie man immer glaubt. Im Abstand von etwa drei bis fünf Metern werden Holz- oder Kunststoffpfähle in den Boden geschlagen, an denen Isolatoren befestigt werden. Durch diese Isolatoren zieht man dann drei Reihen möglichst helles Elektroband.

Besonders schön sieht natürlich breites, weißes Band aus – leider geht es meist aber auch am schnellsten kaputt. Weil es so breit ist, weht es im Wind und dehnt sich mit der Zeit aus. Die vielen Metalldrähte, die es durchziehen und den Strom leiten, zerbrechen dann an einigen Stellen – und schon fließt der Strom nicht mehr. Das bekommen Pferde sofort heraus; und wenn du einen Ausreißer oder ein besonders neugieriges Pferd hast, kann es dir passieren, daß es durch den Zaun nach draußen steigt und spazierengeht.

Solche Zäune müssen also ständig mit einem Elektrozaun-Kontrollgerät überprüft werden. Das heißt, du mußt regelmäßig um die Weide gehen und nachsehen, ob der ganze Zaun Strom führt.

Ein **Stacheldrahtzaun** ist am billigsten – das steht fest. Das ist aber die schlechteste und gefährlichste Möglichkeit, eine Weide einzuzäunen. Viele Bauern stellen Pferde auf Rinderweiden mit Stacheldrahtzaun. Wer aber einmal gesehen hat, welch entsetzliche Wunden solch ein Zaun verursachen kann, würde nie ein Pferd auf eine Stacheldrahtweide stellen!

Die einzige Möglichkeit, diesen gefährlichen Zaun etwas zu „entschärfen", ist ein gut sichtbares Elektroband, das innen vor den Stacheldraht gespannt wird. Der Strom muß natürlich immer eingeschaltet sein, wenn die Pferde auf der Weide sind. Grundsätzlich gilt aber: Stacheldraht ist nichts für Pferde!

Nachdem du jetzt so viel über die Bedürfnisse der Pferde gelesen hast, möchte ich dir auf den folgenden Seiten kurz die verschiedenen Haltungsformen vorstellen, die es für Pferde gibt.

REINE BOXENHALTUNG

Bei dieser Art der Haltung ist das Pferd Tag und Nacht in seiner Box und darf sie nur zur Arbeit verlassen.

Vorteile: Für das Pferd keine. Für die Menschen ist die Boxenhaltung bequem, weil sie relativ wenig Arbeit macht.

Pferde, die den ganzen Tag in einer Box verbringen müssen, entwickeln oft Verhaltensstörungen. Kein Wunder – eine solche Haltung ist völlig gegen ihre Natur!

Wo soll dein Pferd leben?

Nachteile: Das Lauftier Pferd wird in einen engen Raum gezwängt. Das ist gesundheitsschädlich, und außerdem werden viele Pferde schwermütig oder aggressiv. Reine Boxenhaltung sollte es nicht mehr geben: Sie ist als tierquälerisch abzulehnen, weil die Pferde keine Möglichkeit haben, ihren natürlichen Bedürfnissen nachzugehen.

TIP
Wenn es um dein Pferd geht, solltest du nie sagen: „Das ist mir zuviel Arbeit", oder: „Das ist mir zu teuer." Schließlich wolltest du das Pferd haben – jetzt mußt du auch optimal für es sorgen.

BOXENHALTUNG MIT AUSLAUF

Bei dieser Haltungsform hat jede Box einen kleinen Auslauf, in dem sich das Pferd stundenweise bewegen kann. Eine andere Möglichkeit besteht darin, daß die Pferde täglich gemeinsam zum Rennen und Wälzen in einen Auslauf oder auf eine Weide gelassen werden.
Vorteile: Die Boxenhaltung mit Auslauf ist für Pferde geeignet, die regelmäßig arbeiten müssen. Sie können sich nachts in der Box ausruhen und dürfen sich tagsüber im Auslauf „die Beine vertreten".
Nachteile: Die Menschen haben mehr Arbeit, weil sie nicht nur den Stall ausmisten müssen, sondern außerdem den

Wo soll dein Pferd leben?

Kot im Auslauf absammeln, gelegentlich Zäune reparieren und die Pferde in den Auslauf und wieder zurück in den Stall bringen müssen.

GRUPPEN-AUSLAUFHALTUNG

Hier leben mehrere Pferde zusammen in einer Gruppe. Sie haben einen großen Offenstall zur Verfügung, den sie jederzeit aufsuchen können. Zusätzlich kommen sie täglich auf die Weide.

Vorteile: Die Pferde leben – wie es ihrer Natur entspricht – in der Geborgenheit der Herde und bewegen sich ausreichend.

Nachteile: Diese Haltungsform erfordert viel Aufmerksamkeit besonders beim Füttern. Schwächere Pferde müssen getrennt und eventuell zusätzlich gefüttert werden. Neue Pferde müssen erst langsam in die Herde eingewöhnt werden.

REINE WEIDEHALTUNG

So gehaltene Pferde leben Tag und Nacht auf der Weide, haben aber einen Unterstand als Schutz vor Hitze und Insekten.

Vorteile: Wenn die Weide mager genug ist, ist diese Haltungsform für Mutterstuten und Fohlen gut geeignet.

Nachteile: Die Pferde fressen zuviel und werden zu dick.

Wo soll dein Pferd leben?

Für Reitpferde ist diese Haltungsform nicht geeignet. Bei zu fetten Weiden, wie wir sie durch die starke Düngung hierzulande meist haben, kann die reine Weidehaltung auch gesundheitliche Schäden hervorrufen.

Die für die Pferde optimale Haltung ist die Gruppen-Auslaufhaltung, bei der mehrere Pferde eine kleine Herde bilden. In dieser Haltungsform sind die Pferde am zufriedensten und am ausgeglichensten.
Möglicherweise hast du nicht die Möglichkeit, dein Wunschpferd so zu halten. In diesem Fall mußt du sehen, daß du ihm das Leben so angenehm wie möglich machst, indem du es möglichst oft zusammen mit befreundeten Pferden in einen Auslauf oder auf eine Weide läßt.

WIE WEIT IST DER STALL ENTFERNT?

Wenn du bis jetzt einmal in der Woche deine Reitstunde hattest und mit dem Fahrrad eine halbe Stunde bis zum Reitstall fahren mußtest, kannst du dir diesen Stall aus dem Kopf schlagen. Auch wenn er noch so schön ist: Das ist einfach zu weit, wenn du jeden Tag bei deinem Pferd sein möchtest.
Ebenso schlecht ist ein Stall, den du nur erreichen kannst, wenn deine Eltern dich mit dem Auto hinfahren. Dann müßtest du vermutlich oft jemand anderen bitten, sich um dein Pferd zu kümmern. Oder es gäbe Krach zu Hause –

Wo soll dein Pferd leben?

Du solltest dein Pferd mit dem Fahrrad und mit öffentlichen Verkehrsmitteln erreichen können – und zwar in möglichst kurzer Zeit. Denk daran, daß du diesen Weg jetzt täglich zurücklegen wirst!

und beides willst du ja sicherlich nicht.

Ich gehe davon aus, daß du dein Pferd jeden Tag sehen und soweit wie möglich selbst versorgen möchtest – schließlich ist Reiten ja nicht alles. Das bedeutet, daß du einen Stall finden müßtest, zu dem du von eurer Wohnung nicht länger als eine Viertelstunde brauchst. Außerdem solltest du den Stall auch mit öffentlichen Verkehrsmitteln, also mit Bus oder Bahn, erreichen können. Im Sommer ist es ja kein Problem, mit dem Fahrrad zum Pferd zu fahren – aber im Winter kann das sehr unangenehm sein. Da ist es doch besser, man kann auf den Bus oder die Bahn ausweichen.

EIN PFERD IN DER GARAGE?

Manch ein Jugendlicher stellt sich vor, Papa könne sein Auto ja auf der Straße parken, und die Garage würde zum Ponystall. Der Garten würde zur Weide – und schon wäre alles bestens.

Das geht in den seltensten Fällen, und in der Stadt schon gar nicht. Auf dem Land hat man eher die Möglichkeit, ein Pferd hinterm Haus zu halten. Du solltest aber bedenken, daß dein Pferd dann die ganze Zeit allein wäre. Leider reichst du ihm als Gesellschaft nicht aus. Pferde brauchen immer Pferde zur Gesellschaft: Man sollte nie ein Pferd allein leben lassen!

Außerdem müßte dein Pferd dann von dir oder deinen Eltern ganz allein versorgt werden. Vielleicht stellst du dir das schön vor – aber was ist, wenn ihr mal übers Wochenende oder in den Ferien wegfahrt? Dann braucht ihr jemanden, der dein Pferd versorgt. Und das kann nicht irgendeine Schulfreundin sein – diese Aufgabe kann nur jemand übernehmen, der Erfahrung mit Pferden hat.

Denn auch wenn ihr einen Trip an die Nordsee oder in die Berge macht, kann dein Pferd eine Kolik bekommen – und die muß schnell erkannt und behandelt werden.

Wenn deine Familie also nicht aus Pferdenarren besteht und wenn sie noch keine Erfahrung mit Pferden hat, solltest du dein Pferd besser bei fachkundigen Leuten unterbringen.

Ein Pferd kostet
Zeit und Geld

WIEVIEL ZEIT HAST DU FÜR DEIN PFERD?

Hast du dir eigentlich schon mal überlegt, was ein Pferd den ganzen Tag über macht?

Wenn es in einer Box steht, langweilt es sich die meiste Zeit. Seine Langeweile wird nur durch das Füttern und durch die Arbeit unterbrochen. In diesem Fall solltest du dein Pferd möglichst oft und lange aus der Box holen. Du solltest nicht erst kurz vor dem Reiten kommen, es flüchtig putzen und dann losreiten! Das ist nämlich unfair einem Tier gegenüber, das den ganzen Tag auf sein bißchen Freiheit wartet. Das Leben von Boxenpferden ist sehr eintönig. Deshalb muß man ihnen so viel Zeit wie irgend möglich widmen. Man sollte mit ihnen auch mal spazierengehen, bevor man reitet – oder statt zu reiten. Pferde bum-

Ein Pferd kostet Zeit und Geld

Bist du dir darüber im klaren, wieviel Zeit du für ein
eigenes Pferd aufbringen mußt? Überlege dir gut, ob du wirklich
bereit bist, dafür auf andere Hobbys zu verzichten

meln meist sehr gern neben einem vertrauten Menschen
durchs Gelände. Aber das erfordert viel Zeit, eine halbe
Stunde reicht da nicht aus.

Bevor du dich für ein eigenes Pferd entscheidest, solltest
du dir ehrlich überlegen, ob du wirklich jeden Tag zu ihm
fahren kannst. Hast du noch andere Hobbys, die du regel-

mäßig ausübst? Was ist mit Schwimmen oder Volleyball oder mit der Disco am Abend?

TIP
Frage doch mal andere Leute, wieviel Zeit sie sich am Tag für ihr Pferd nehmen. Dann bekommst du ungefähr einen Eindruck, wieviel Zeit dich dein Pferd kosten wird.

Wenn dein Pferd in einer Gruppe mit anderen Pferden zusammenlebt, ist es nicht so schlimm, wenn du nicht jeden Tag kommen kannst. Allerdings verlierst du dann leicht den engen Kontakt zu deinem Pferd. Es kann sein, daß es sich eines Tages mehr freut, wenn deine Freundin kommt, weil die ihr eigenes Pferd jeden Tag besucht und dabei dein Pferd auch immer streichelt ...

Du mußt dir deine Zeit gut einteilen, damit die Hausaufgaben wegen deines Pferdes nicht zu kurz kommen

Ein Pferd kostet Zeit und Geld

Die Verantwortung für die Gesundheit und die Pflege deines Pferdes mußt in jedem Fall du tragen. Auch wenn es von den Leuten im Stall gefüttert und versorgt wird, mußt du mindestens jeden zweiten Tag kommen. Eigentlich solltest du dich aber jeden Tag um dein Wunschpferd kümmern. Und wenn man an die Schule und an die vielen Hausaufgaben denkt, ist das ganz schön viel.

All das solltest du dir genau überlegen, wenn du dir ein eigenes Pferd wünschst.

WAS KOSTET EIN PFERD?

Vermutlich hast du selbst nicht genügend Geld, um dir von deinem ersparten Taschengeld ein Pferd zu kaufen – auch dann nicht, wenn du dein Sparbuch plünderst. Weißt du überhaupt, was Pferde kosten? Ich werde dir im folgenden mal ein paar Zahlen nennen.

Für ein vierjähriges, gerade angerittenes (also erst wenig ausgebildetes) Warmblutpferd mit Papieren mußt du mit mindestens 6000 bis 7000 Mark rechnen. Dafür bekommst du aber nur das Pferd – ohne Sattel und Zaumzeug und was sonst noch alles dazugehört.

Einen gleichaltrigen Haflinger kannst du vielleicht für 4000 Mark kaufen und einen Norweger für 2500 Mark. Einen vierjährigen guten Isländer bekommst du selten unter 10000 Mark.

Daß die eine Pferderasse billiger ist als die andere, bedeutet nicht, daß sie schlechter wäre – ganz bestimmt nicht! Es liegt an Angebot und Nachfrage, wie teuer ein Pferd ist: Wenn viele Käufer nach einer Pferderasse fragen, wird sie automatisch teurer. Je weniger Pferde es von dieser Rasse gibt, desto höher steigt der Preis. „Exotische" Pferde wie beispielsweise Quarter Horses sind verhältnismäßig teuer: Ein vierjähriges Quarter Horse dürfte um 12000 Mark kosten, ein gleichaltriger Paso Peruano sogar um 15000

Ein Pferd kostet viel Geld. Du solltest mit deinen Eltern gut durchrechnen, ob ihr euch nicht nur den Anschaffungspreis, sondern auch die Kosten für Ausrüstung, Unterbringung, Tierarzt und Hufschmied leisten könnt

Ein Pferd kostet Zeit und Geld

Mark. Aber das sind Pferde für Spezialisten, und vielleicht wünschst du dir ja gar kein so teures Pferd.

Mehr als 2000 Mark müssen deine Eltern aber in jedem Fall ausgeben, das solltest du dir und ihnen rechtzeitig klarmachen.

TIP

Wenn das Pferd, das dir gefällt, etwas teurer ist als geplant, solltest du es trotzdem nehmen: Der Anschaffungspreis für das Pferd ist schließlich eine einmalige Sache.

Natürlich bekommt man manchmal auch ein günstiges Pferd angeboten – aber Vorsicht mit „preiswerten" Pferden! Um zu sehen, ob das Pferd wirklich günstig ist, solltet ihr einen erfahrenen Pferdekenner mitnehmen und eine Ankaufsuntersuchung vornehmen lassen (siehe Seiten 69 bis 72). Und ihr solltet euch genau erkundigen, warum das Pferd so billig abgegeben wird. Häufig haben solche Pferde irgendwelche Fehler, die man auf den ersten Blick nicht erkennt.

WAS KOSTET DIE AUSRÜSTUNG?

Wenn man sich ein Pferd wünscht, denkt man oft nicht daran, daß auch die Ausrüstung eine Menge Geld kostet. Natürlich muß es keine Edelausrüstung sein – doch alle

Ein Pferd kostet Zeit und Geld

Dinge, die mit dem Pferd in Berührung kommen, müssen stabil und strapazierfähig sein. Gute Qualität hat aber leider ihren Preis.

Laß dich von Billigangeboten in Katalogen, Geschäften und am Schwarzen Brett im Stall nicht täuschen! Ein „be-

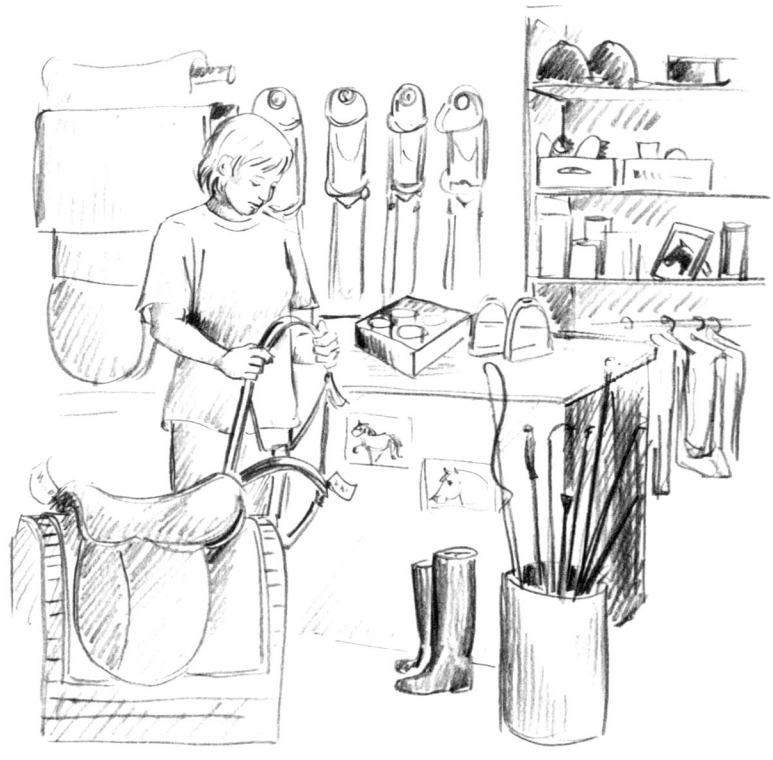

Gute Ausrüstung hat ihren Preis! Überlege dir aber gut, was du wirklich brauchst – nicht alles, was in Reitsportgeschäften angeboten wird, ist tatsächlich sinnvoll und notwendig

sonders günstiger neuer Sattel" für 300 Mark hält meist höchstens ein Jahr lang! Bei diesem Preis kann der Sattel gar nicht gut verarbeitet sein – er wird sich bald verformen und kann deinem Pferd im Rücken Schmerzen zufügen. Billige, schlecht verarbeitete Sattelgurte und Steigbügelriemen können außerdem zu schlimmen Unfällen führen. Auch ein Zaumzeug für 40 Mark ist nicht zu empfehlen: Ein kräftiger Ruck oder ein Regenguß kann es zum Reißen bringen.

Das Geld für Billigangebote ist herausgeworfenes Geld. Besser ist es, ein bißchen länger zu sparen und sich dann eine wirklich gute Ausrüstung zu kaufen.

Anders ist es bei gebrauchten Ausrüstungsgegenständen. Hier kann man schon mal Glück haben – aber nimm dir bitte einen erfahrenen Pferdemenschen mit, der Risse im Leder und schlecht ausgebesserte Nähte eher sieht als du. Das ist sicherer und kann dir viel Ärger ersparen.

Auf der nächsten Seite findest du eine Tabelle mit den Preisen der notwendigsten Dinge für dein Pferd. In der ersten Spalte stehen die Preise für neue Artikel, in der zweiten die für gebrauchte. Das sind natürlich alles ungefähre Angaben; man findet immer mal auch billigere oder teurere Produkte – aber so hast du immerhin schon einen Anhaltspunkt, mit welcher Summe du rechnen mußt.

Die zweite Tabelle informiert dich darüber, welche Kosten für deine eigene Ausrüstung auf dich zukommen. Auch wenn du schon Reit- und Stallkleidung besitzt: Denk daran, daß du als Pferdebesitzerin nicht nur ein- oder zweimal pro Woche im Stall bist, sondern jeden Tag. Und die Kleidung, die du im Stall trägst, kannst du nicht auch in der Schule anhaben!

DIE AUSRÜSTUNG FÜR DEIN PFERD

Artikel	Neupreis (Mark)	gebraucht (Mark)
Sattel	800 – 2000	300 – 1000
Satteldecke	50 – 100	20 – 30
Ersatz-Satteldecke	50 – 100	20 – 30
Zaumzeug	80 – 150	30 – 60
Trense	80 – 130	20 – 30
Halfter	25 – 50	10 – 20
Führstrick	8 – 20	3 – 5*
Putzzeug komplett	50 – 120	20 – 30*
Decke	50 – 150	20 – 40

DIE AUSRÜSTUNG FÜR DICH

Artikel	Neupreis (Mark)	gebraucht (Mark)
Reithose	80 – 200	60 – 100
2. Reithose	80 – 200	60 – 100
Anorak	40 – 200	20 – 50*

Ein Pferd kostet Zeit und Geld

Gummistiefel	30 – 70	10 – 20
Lederstiefel	60 – 250	30 – 80
feste Turnschuhe	50 – 70	10 – 20*
Reithelm/Kappe	40 – 90	25 – 40
Reithandschuhe	10 – 70	5 – 10
Winterhandschuhe	30 – 70	5 – 10
Gerte	10 – 30	5 – 10

* Diese Sachen solltest du nicht gebraucht kaufen.

Alles in allem kommt da eine ganz hübsche Summe zusammen, nicht? Vielleicht meinst du immer noch, du würdest lieber mit billigeren Sachen anfangen – laß es sein, du ärgerst dich sonst krank! Das haben schon so viele Leute vor dir probiert, und sie haben alle gemerkt, daß es im Grunde teurer wurde. Denn die billigeren Sachen verschlissen schnell, und dann kauften sie sich doch eine bessere Ausrüstung, womit das Ganze insgesamt teurer wurde.

TIP
Achte bei der Reitkleidung darauf, daß du sie in die Waschmaschine stecken kannst! Das ist billiger als die chemische Reinigung und geht schneller.

DIE LAUFENDEN KOSTEN

Es gibt Kosten, die für alle Pferde etwa gleich sind: Jedes Pferd benötigt Impfungen und Wurmkuren.

Unbedingt notwendig ist eine **Tetanus-Impfung**. Wenn das Pferd bisher nicht gegen Tetanus geimpft war, muß man erst einmal eine Grundimmunisierung durchführen. Die Impfung wird im ersten Jahr zweimal vorgenommen, danach nur noch alle zwei Jahre. Jede Tetanus-Impfung kostet etwa 30 Mark.

In Gebieten mit Tollwutgefahr solltest du dein Pferd auf jeden Fall gegen **Tollwut** impfen lassen. Wenn es mit einem tollwütigen Tier in Berührung kommt und nicht geimpft ist, muß es nämlich getötet werden. An der Tollwut-Impfung solltest du deshalb nicht sparen. Sie kostet zwischen 30 und 45 Mark und muß einmal im Jahr durchgeführt werden.

TIP
In manchen Bundesländern ist der Tollwut-Impfstoff für Pferde kostenlos: Frage doch mal deinen Tierarzt danach!

Wenn dein Pferd in einem größeren Reitstall steht, ist auch eine Impfung gegen **Influenza (Husten)** angebracht. Sie kostet jährlich etwa 30 Mark und kann mit der Tetanus-Impfung kombiniert werden.

Ein Pferd kostet Zeit und Geld

Alle Pferde brauchen etwa alle drei Monate eine **Wurm-kur**. Hierfür kannst du jährlich 180 Mark veranschlagen.

Das sind die Kosten, die für alle Pferde gleich sind – egal, ob es sich um ein Shetlandpony, einen Araber oder ein Springpferd handelt.

TIP
Über alle Ausgaben für dein Pferd solltest du exakt Buch führen – auch Leckerli kosten eine Menge Geld im Monat!

Unterschiedlich sind dagegen die Kosten für die **Unter-bringung** deines Pferdes. In einem großen Reitstall mit Bo-xenhaltung zahlst du monatlich zwischen 350 und 700 Mark, oft sogar noch mehr. Das ist schon ganz schön viel Geld, nicht? Wenn du dein Pferd in Gruppen-Auslaufhal-tung halten kannst, mußt du bei einem Pony mit etwa 200 bis 300 Mark im Monat rechnen, bei einem Großpferd mit 300 bis 500 Mark.

Außerdem kommt noch der **Schmied** dazu. Wenn dein Pferd Hufeisen braucht, mußt du es alle sechs bis zehn Wo-chen beschlagen lassen. Das kostet jedesmal etwa 100 Mark.

Kann dein Pferd ohne Hufeisen laufen, so mußt du mit et-wa 120 Mark im Jahr für den Schmied rechnen. Denn etwa alle drei Monate sollte er die Hufe deines Pferdes kontrol-

Dein Pferd muß
regelmäßig zum
Hufschmied –
auch das geht ins
Geld

lieren und korrigieren, und das kostet jedesmal etwa 30 Mark.

Nun weißt du, was dein Pferd dich – oder besser: deine Eltern – kostet. Natürlich kommen dazu noch Leckerli, im Winter Äpfel und Möhren, im Sommer vielleicht ein Fliegennetz oder Fliegenspray – und so weiter. Auf jeden Fall geht das Ganze ziemlich ins Geld.
Am besten rechnest du dir das ehrlich durch, bevor du allzusehr drängelst, ein Pferd zu bekommen. Wenn dein

Ein Pferd kostet Zeit und Geld

Pferd erst mal da ist, muß es auch gut versorgt werden. Deshalb solltest du vorher abklären, ob ihr euch das wirklich leisten könnt.

TIP
Es müssen nicht immer Leckerli sein – getrocknetes Brot schmeckt deinem Pferd genausogut. Und du sparst dadurch Geld, das du für Notfälle zurücklegen kannst.

EIN „NOTGROSCHEN" MUSS SEIN

Wenn dein Pferd krank wird und du den Tierarzt rufen mußt, wird es meistens teuer.

Das kann aber schnell passieren: Dein Pferd kann stolpern und sich verletzen, oder es bekommt eine Kolik oder Husten . . . Für diesen Fall muß Geld da sein, sonst kann dein Pferd nicht behandelt werden.

Um es genauer zu sagen: Mindestens 1000 Mark müßtest du für den Notfall immer in Reserve haben. Wenn du das Geld nicht brauchst – um so besser, leg es auf ein Sparkonto. Aber das Geld muß immer verfügbar sein – schließlich kann dein Pferd jederzeit krank werden oder sich verletzen.

Der Pferdekauf

Endlich hast du deine Eltern überzeugt: Du bekommst ein eigenes Pferd! Ein tolles Gefühl, nicht?
Ihr wißt auch schon, wo ihr das Pferd unterbringt – und jetzt hast du es vermutlich schrecklich eilig, „dein" Pferd zu bekommen. Denn es ist ja schon auf der Welt, irgendwo lebt es schon. Du mußt es nur noch finden ...

WIE FINDET MAN SEIN PFERD?

Es gibt viele Möglichkeiten, an ein Pferd zu kommen – manchmal ganz verrückte: Eines meiner Pferde stand eines Tages vor meiner Haustür, sozusagen frei Haus geliefert. Es ist ein älteres Pferd, das auf dem Weg in ein ungewisses Schicksal war, weil es niemand mehr haben wollte. Eine Bekannte hatte es aus Mitleid gekauft und

Der Pferdekauf

Beim Pferdekauf solltest du dich
unbedingt von jemandem mit
viel Erfahrung beraten lassen

wußte auch nicht so recht, wo sie den kleinen Schimmel unterbringen sollte. Sie kam auf dem Nachhauseweg zufällig bei mir vorbei.

In der Nacht vorher war eines meiner Pferde gestorben. Ich war völlig fertig und dachte überhaupt nicht an ein neues Pferd. Und da stand der kleine Schimmel Pascha vor der Tür!

Ich wollte bestimmt kein neues Pferd haben – aber als ich die Tür des Pferdetransporters öffnete und sein Gesicht sah, da war es um mich geschehen! Ich habe gar nicht gefragt, ob Pascha noch reitbar wäre, denn das war ganz egal. In dem Moment, in dem ich ihn sah, wußte ich einfach: Das ist mein Pferd!

Jetzt ist Pascha seit vielen Jahren bei mir: Immer wieder denke ich, daß es ein sehr glücklicher Zufall war, der Pascha und mich zusammengebracht hat.

Auf solch einen Zufall kann man natürlich nicht hoffen. Normalerweise sollte man mit System an den Kauf eines Pferdes herangehen.

Wenn du jetzt schon ungefähr weißt, was für ein Pferd du haben möchtest, kannst du dich auf die Suche machen. Suchen – und kaufen – kann man Pferde unter anderem auf Gestüten, in der Reitschule, beim Pferdehändler, über Anzeigen in der Zeitung, auf dem Pferdemarkt oder gar auf dem Schlachthof – was aber die schlechteste Möglichkeit ist.

PFERDEKAUF AUF DEM GESTÜT

Auf einem Gestüt werden normalerweise Pferde einer ganz bestimmten Rasse gezüchtet. Die Anschriften von Gestüten bekommt man beim zuständigen Zuchtverband, oder man schaut in den Anzeigenteil der großen Pferdezeitschriften.

Wenn man sich also für eine Pferderasse entschieden hat, sollte man zunächst bei den Gestüten anrufen, die diese Rasse züchten. Die Besitzer können einem dann sagen, ob bei ihnen zur Zeit ein Pferd zu verkaufen ist, das für den Käufer in Frage kommt.

Die meisten Gestüte haben allerdings vorwiegend junge Pferde zum Verkauf – und daß das für dich vermutlich nicht das richtige ist, hast du bereits erfahren.

Gestütsbesitzer kennen ihre Pferde meistens sehr genau, denn fast immer wurden sie bei ihnen geboren. Ein Züchter kann daher auch mit ziemlicher Sicherheit das richtige Pferd für dich finden – wenn er es hat.

TIP
Bei vielen Gestüten gibt es einen Tag der offenen Tür. Das ist eine gute Gelegenheit, dir die Pferde dort näher anzusehen.

Auf einem Gestüt wird man gut beraten und kann oft auch die Eltern des Pferdes anschauen, für das man sich interessiert. Man kann sehen, wie das Pferd lebt und kann sich ziemlich gut über es informieren. Meist bieten die Gestütsbesitzer auch an, daß man sich Rat holen kann, wenn man zu Anfang Probleme mit dem Pferd hat. Das ist sehr hilfreich – vor allem, wenn man noch nicht so viel Erfahrung mit Pferden hat.

BEIM PFERDEHÄNDLER

Es gibt Leute, die sagen, sie würden nie bei einem Händler ein Pferd kaufen. Sie haben vielleicht etwas über „böse" Pferdehändler gelesen oder selbst schlechte Erfahrungen gemacht.

Ein guter und seriöser Pferdehändler hält seine Verkaufspferde in ordentlichen Ställen. Er behandelt und füttert sie

Pferdehändler sind oft besser als ihr Ruf. Trotzdem solltest du nicht alles glauben, was dir ein Händler erzählt

gut – schließlich sind sie sein Kapital, er will ja an ihnen verdienen. Und wenn ein Händler nicht in Ordnung ist, spricht sich das schnell herum. Also sind die meisten Händler sehr um ihren Ruf bemüht und behandeln die Pferde ordentlich.

TIP

Bei Gestüten muß man sich anmelden, weil dort auch andere Arbeit als der Verkauf von Pferden ansteht. Bei Händlern kann man dagegen auch unangemeldet oder nach kurzfristiger telefonischer Ankündigung hereinschauen.

Natürlich kannst du von einem Pferdehändler nicht erwarten, daß er dir so genaue Auskunft über ein Pferd gibt wie ein Gestütsbesitzer. Pferdehändler kennen ihre Verkaufspferde meist ja nur kurze Zeit. Sie verfügen allerdings oft über viel Erfahrung und können Pferde gut einschätzen. Was ein Pferd vorher erlebt hat und wie es in bestimmten Situationen reagiert, kann ein Pferdehändler dir in den meisten Fällen aber nicht sagen.

Wenn du mit deinen Eltern zu einem Händler fährst, wird er sehr darum bemüht sein, euch ein Pferd zu verkaufen. Es kann sein, daß er seine Pferde ein bißchen „schönt", also besser von ihnen redet als sie tatsächlich sind. „Lammfromm" und „von Kindern geritten" sind die Floskeln, die man oft hört – und die man nicht unbedingt glauben sollte.

Wer beim Pferdehändler kauft, sollte selbst etwas von Pferden verstehen. Billiger als woanders sind die Pferde hier auch nicht, denn der Händler weiß mit Sicherheit, wieviel jedes Pferd wert ist.

Dein erstes Pferd solltet ihr also nur dann beim Händler kaufen, wenn jemand mit sehr guter Pferdekenntnis mit euch geht und euch berät.

IN DER REITSCHULE

Es kommt oft vor, daß ein Schulpferd „abgeschafft" werden soll, weil es für den Reitschulbetrieb nicht mehr leistungsfähig genug ist.

Für solche Pferde gibt es meist nur zwei Möglichkeiten: Sie werden entweder von einem mitleidigen Reitschüler gekauft, oder sie landen auf dem Schlachthof. Einen Gnadenhof, auf dem sie ihren wohlverdienten Lebensabend verbringen können, sehen Schulpferde selten.

Das Geschäft in den Reitschulen ist hart: Ein altes Pferd muß möglichst viel Geld für die Anschaffung eines neuen Pferdes einbringen.

So grausam es klingt: Für ein völlig „verbrauchtes" Schulpferd, also ein Pferd mit kaputten Sehnen und Gelenken, ist oft der Tod die bessere Lösung. Denn wenn es am Leben bleibt, hat es unter Umständen immerzu Schmerzen.

Der Pferdekauf

Natürlich hätte man ein solches Pferd überhaupt nicht so lange im Schulbetrieb einsetzen dürfen, daß ihm die Beine so weh tun – aber das ist ein anderes Thema.

Wirklich gute, leistungsfähige Schulpferde werden selten verkauft, da die Reitschule an ihnen gut verdient. Manchmal jedoch steht ein noch junges Schulpferd zum Verkauf, weil es sich für den Schulbetrieb nicht eignet. Das sind oft sensible Pferde, die es nicht verkraften, jede Stunde von einem anderen Reiter geritten zu werden; sie brauchen eine Bezugsperson. Gute Reitschulbesitzer merken das und verkaufen solche Pferde rechtzeitig.

Verantwortungsbewußte Reitschulen verkaufen auch Schulpferde, die wohl noch gute Reitpferde für *einen* Reiter wären, der hohen Belastung der Reitstunden jedoch nicht mehr gewachsen sind. Das sind meist Pferde im Alter von zwölf bis fünfzehn Jahren.

„Viel zu alt", höre ich dich sagen – doch das stimmt nicht. Mit fünfzehn Jahren ist ein Pferd noch lange nicht alt – aber es kann dir viel beibringen. Wenn es gesund ist, kannst du es mindestens noch sieben oder acht Jahre lang reiten.

Ein Pferd aus der Reitschule solltest du vor dem Kauf auf jeden Fall vom Tierarzt untersuchen lassen (siehe Seiten 69 bis 72). Nur so kannst du sicher sein, daß das Pferd keine unheilbaren Krankheiten oder Schäden an Sehnen und Gelenken hat.

AUS PRIVATER HAND

Auch für Privatbesitzer gibt es viele Gründe, ein Pferd zu verkaufen: Der Reiter kann krank werden, oder er hat keine Zeit mehr oder zieht um.

Wenn du dein Pferd von einer Privatperson kaufen möchtest, solltest du dir in jedem Fall genau ansehen, wie das Pferd bisher untergebracht war. Wenn der Stall hell und sauber, das Pferd in gutem Futterzustand und freundlich ist, dann spricht das sehr für den Pferdebesitzer.

Er kann dir sicherlich auch viel über sein Pferd sagen. Und an seiner Art, über das Pferd zu sprechen, merkst du meist schon, ob er es wirklich mag. Außerdem siehst du, wie er mit dem Pferd umgeht. Wenn das Pferd bisher gut gehalten und behandelt wurde, spricht nichts dagegen, ein Pferd aus privater Hand zu kaufen.

AUF DEM PFERDEMARKT ODER VOM SCHLACHTHOF

Auf dem Pferdemarkt oder auf dem Schlachthof solltest du kein Pferd kaufen.

Auf dem Schlachthof ist das meist sowieso aus technischen Gründen kaum möglich. Und auf den Pferdemarkt kommen hauptsächlich Pferde, die sonst nicht zu verkaufen waren. Solche Pferde haben meistens einen oder mehrere Mängel – sei es körperlicher, sei es psychischer Art.

Der Pferdekauf

Sehr gute Reiter und Pferdekenner können es schon mal wagen, sich ein Pferd auf dem Pferdemarkt zu kaufen. Sein erstes Pferd sollte man dort aber nicht kaufen, denn es soll ja besonders zuverlässig sein. Und die Pferde auf dem Pferdemarkt sind meist schon durch viele Hände gegangen und daher häufig mißtrauisch und schwierig.

ÜBER ZEITUNGSANZEIGEN

In den Wochenendausgaben der Tageszeitungen gibt es meist die Rubrik „Tiermarkt". Die solltest du auf jeden Fall studieren – aber nicht unbedingt, um sofort ein Pferd zu kaufen. Nein – wenn du diese Rubrik einige Wochen lang liest, wirst du merken, daß einige Pferde immer wieder angeboten werden: Das sind vermutlich die schwierigen Pferde, die keiner haben will. Und du lernst mit der Zeit die Inserenten kennen, die immer wieder andere Pferde anbieten – das sind die Händler.

TIP

Die buntesten Verkaufsanzeigen müssen nicht die besten sein! Achte mal darauf, ob die Angaben in den Anzeigen knapp und korrekt oder eher „blumig" sind.

Du liest dann auch Anzeigen wie „Hundertprozentiges Verlaßpferd, gute Springveranlagung, von Kindern gerit-

ten", oder „Traumpferd zum Billigpreis". Solchen Aussagen
solltest du mißtrauen. Korrekte Verkäufer bieten ihre Pferde mit korrekten Angaben an und nicht mit irgendwel-
chen marktschreierischen Behauptungen.

Wenn dir die Beschreibung irgendeines Pferdes aber besonders gut gefällt, solltest du deine Eltern bitten, dort an-
zurufen. Auch wenn das Pferd natürlich für dich sein soll,
spricht der Verkäufer doch vermutlich lieber zuerst mit
deinen Eltern. Und wenn ihr dann zu dem Stall fahrt, um
das Pferd anzuschauen, solltet ihr auch hier wieder jemanden mit viel Pferdeerfahrung dabeihaben.

GESUCHT UND GEFUNDEN

Wenn du dein Pferd endlich gefunden hast, schwebst du
bestimmt im siebten Himmel. Wahrscheinlich träumst du
schon davon, daß du es endlich im Stall hast und es allein
reiten kannst – und und und . . .

Aber bis dahin ist noch viel zu erledigen; und möglicherweise dauert es noch einige Tage, bis dein Pferd endlich

TIP
Es ist toll, wenn man sein Pferd gefunden hat –
aber denke bitte daran, daß das für manche andere Leute vielleicht nicht so wichtig ist! Du solltest also auch mal von was anderem reden als
von deinem neuen Pferd ...

Der Pferdekauf

„zu Hause" ist. Bis dahin mußt du dich gedulden, und du kannst auch noch einiges vorbereiten.

Zuerst aber muß das Pferd ja noch ordnungsgemäß gekauft werden.

DIE ANKAUFSUNTERSUCHUNG

Sicherlich möchtest du ein gesundes, leistungsfähiges Pferd haben. Also solltet ihr durch einen Tierarzt feststellen lassen, ob dein zukünftiges Pferd auch wirklich in Ordnung ist. Das kostet natürlich Geld. Eine einfache Ankaufsuntersuchung kostet rund 200 Mark. Hierbei schaut der Tierarzt sich das Pferd genau an. Zuerst begutachtet er es im Stehen, dann muß das Pferd vortraben. Das bedeutet, daß ein Helfer es an der Hand und am langen Zügel vor dem Tierarzt hin und her traben läßt. Dabei sieht und hört der Tierarzt, ob sich das Pferd gleichmäßig, also taktrein, bewegt. Wenn das in Ordnung ist, macht der Tierarzt vielleicht noch die sogenannte Beugeprobe. Dabei wird ein Bein für einige Minuten hochgenommen und stark gebeugt. Anschließend muß das Pferd sofort antraben. Wenn es jetzt wieder taktrein geht, ist das zuvor gebeugte Gelenk gesund. Schont das Pferd das Bein, so wird der Tierarzt eventuell vorschlagen, es zu röntgen.

Als nächstes schaut der Tierarzt dem Pferd ins Maul. Anhand der Abnutzung der Zähne kann man nämlich das Alter des Pferdes bestimmen. Dann nimmt er die

Bei der Beugeprobe wird ein Pferdebein einige Minuten lang
stark gebeugt. Lahmt das Pferd anschließend im Trab nicht,
so ist das zuvor gebeugte Gelenk in Ordnung

Der Pferdekauf

Schleimhäute im Maul und an den Augen in Augenschein. Wenn sie schön rosa und gut durchblutet sind, ist das ein gutes Zeichen. Die Augen werden gründlich untersucht, um sicherzustellen, daß das Pferd nicht unter der gefährlichen Periodischen Augenentzündung leidet.

Danach drückt der Tierarzt dem Pferd kurz auf den Kehlkopf und läßt es abhusten. Wenn es nur ein bißchen gequält hüstelt, ist es in Ordnung; das tut jeder, wenn man ihm den Hals zuhält. Wenn es jetzt aber richtig zu husten beginnt, stimmt etwas nicht. Die Bronchien, die Lunge und das Herz hört der Tierarzt mit dem Stethoskop ab; und wenn du ihn fragst, läßt er dich sicherlich auch mal den Herzschlag deines Pferdes hören.

TIP

Wenn der Tierarzt vom Kauf abrät, mußt du das akzeptieren. Er ist Fachmann und weiß, was auf dich zukommt, wenn du ein krankes Pferd kaufst. Auch wenn du das Pferd noch so gerne haben möchtest – laß die Finger davon.

Wenn alles in Ordnung ist, steht dem Kauf nichts mehr im Wege. Hat der Tierarzt allerdings Zweifel, so solltet ihr auf seine Ratschläge hören. Vielleicht empfiehlt er euch, ein Bein oder sogar mehrere Beine vorsichtshalber röntgen zu lassen. Das tut er, wenn er sich nicht ganz sicher ist, ob die

Beine völlig gesund sind. Laßt das Pferd dann bitte röntgen – das ist besser, als ein krankes Pferd zu kaufen. Eine
Röntgenaufnahme kostet etwa 50 Mark, die Behandlung
eines kranken Pferdes leicht das Zehnfache.

DER KAUFVERTRAG

Wußtest du, daß im Pferdehandel heute wie vor vielen
hundert Jahren der Handschlag immer noch als festes
Kaufversprechen gilt? Wenn also dein Vater oder deine
Mutter dem Verkäufer sagt: „Ja, ich nehme das Pferd", und
die beiden sich die Hände geben, dann gilt das als Vertrag.
Würden deine Eltern eine Stunde später ohne schwer-
wiegenden Grund sagen: „Nein, wir haben es uns anders
überlegt", dann könnte der Verkäufer sie verklagen, denn
deine Eltern hätten einen Vertrag gebrochen.
Neben dem Handschlag ist es heute aber üblich, zusätzlich
einen schriftlichen Kaufvertrag zu machen. Dafür gibt es
vorgedruckte Formulare, die man bei fast allen großen
Pferdezeitschriften bestellen kann.
In manchen Kaufverträgen gibt es die Formel „gekauft
wie gesehen". Das bedeutet, du kaufst das Pferd so, wie es
ist – mit allen Vorzügen und Fehlern, ein bißchen wie die
sprichwörtliche „Katze im Sack".
Eine andere Möglichkeit besteht darin, das Pferd „vorbe-
haltlich der tierärztlichen Untersuchung" zu kaufen. Wenn
diese Formel im Kaufvertrag steht, gehört dir das Pferd

erst dann, wenn ein Tierarzt deines Vertrauens – den du bezahlen mußt – das Pferd untersucht und für gesund befunden hat.

Wichtig sind beim Pferdekauf auch die sogenannten Gewährsmängel. Das sind bestimmte Krankheiten, durch die ein Pferd völlig oder fast „unbrauchbar" wird – beispielsweise das Koppen, also das Luftschlucken bei psychisch gestörten Pferden. Weitere Gewährsmängel sind die Krankheiten Dämpfigkeit, Dummkoller, Kehlkopfpfeifen, Periodische Augenentzündung und Rotz. Die Formel „frei von Gewährsmängeln" muß aber nicht in den Kaufvertrag aufgenommen werden, denn sie ist im allgemeinen Gesetz verankert.

VIERZEHN TAGE AUF PROBE?

Manche Pferdeverkäufer geben dem Käufer das Pferd auf Probe mit. Der kann es dann innerhalb von zwei Wochen zurückgeben, wenn er nicht mit ihm zurechtkommt. Das ist zwar eine Möglichkeit – aber keine besonders gute. Viel besser ist es, das Pferd vor dem Kauf beim Verkäufer sooft wie möglich zu reiten, denn da lernst du es viel besser kennen.

Wenn das Pferd auf Probe zu dir kommt, muß es sich erst einmal um- und eingewöhnen. Dann ist es vielleicht aufgeregt, unsicher oder ängstlich und verhält sich deswegen anders als in seiner gewohnten Umgebung. Zwei Wochen

Der Pferdekauf

Ein Kauf auf Probe hat meist nicht viel Sinn, denn vierzehn
Tage reichen nicht aus, um ein Pferd wirklich kennenzulernen.
Besser ist es, das Pferd im Stall des Verkäufers sooft wie möglich
zu reiten. Wenn du Glück hast, kannst du dort sogar
Reitunterricht auf deinem zukünftigen Pferd nehmen

sind viel zu kurz zum Eingewöhnen und zum wirklichen
Kennenlernen – das Pferd hat gar nicht die Chance, zu zeigen, was in ihm steckt.

Wenn du Zweifel hast, ob das Pferd, das du kaufen möchtest, wirklich das richtige ist, dann laß besser die Finger davon! Du solltest dir eigentlich so sicher sein, „dein" Pferd
gefunden zu haben, daß du keine Probezeit brauchst.

AUSRÜSTUNG, DIE DU SCHON VORHER KAUFEN KANNST

Es gibt einige Dinge, die für alle Pferde gleich sind. Du kannst sie schon kaufen, bevor du dich für ein bestimmtes Pferd entschieden hast.

Da ist zum einen das Putzzeug. Am besten kaufst du dir die ganze Grundausstattung. Dazu gehören:

- ein Plastikstriegel,
- ein weicher Nadelstriegel,
- eine grobe Bürste,
- eine weiche Kardätsche,
- eine kleine Bürste fürs Gesicht,
- ein Mähnenkamm, auch für den Schweif,
- zwei Schwämme (einer für die Augen, einer für den After),
- ein Lappen,
- zwei bis drei alte Handtücher (kann man immer brauchen) und
- zwei Hufkratzer (lieber gleich zwei, die verlegt man immer).

Die ganzen Schönheits- und Fellsprays, die es für Pferde gibt, solltest du erst mal nicht kaufen – wer weiß, ob du die überhaupt brauchst. Auch Huffett oder Hufteer benötigst du vorerst nicht. Solltest du es im Ausnahmefall einmal benutzen müssen, gibt dir sicherlich jemand aus deinem Stall ein bißchen ab.

Der Pferdekauf

> **TIP**
> Wenn du früh genug anfängst, dir Putzzeug für dein Pferd zu kaufen, kannst du dir auch mal ein Luxusstück kaufen – vielleicht eine Kardätsche mit echten Wildschweinborsten und einem Griff aus Leder. Die ist zwar teuer, aber sie liegt angenehm in der Hand und hält „ewig".

Lederfett und Sattelseife für die Ausrüstung deines Pferdes solltest du haben. Lederöl ist nicht unbedingt nötig. Die Sattelseife brauchst du zur Reinigung des Leders, das Lederfett zum Geschmeidigmachen. Dazu gehören ein Schwämmchen für die Sattelseife, ein Lappen zum Einfetten und ein Wollappen zum Nachpolieren.

AUSRÜSTUNG, DIE DU ANPASSEN MUSST

Alle Dinge, die dein Pferd an seinem Körper trägt, kannst du dir erst nach dem Pferdekauf zulegen. Sie müssen ja genau passen und dürfen nirgendwo drücken oder scheuern.

Da ist erst einmal der **Sattel**. Er sollte von einem Fachmann angepaßt werden – egal, ob er neu oder gebraucht ist. Es reicht nicht, daß ein Sattel ungefähr paßt und schön aus-

Bei der Ausrüstung für dein Pferd solltest du auf
erstklassige Qualität achten

TIP
Eine Gerte brauchst du nicht zu kaufen, bevor du
dein Pferd hast – vielleicht benötigst du sie nämlich gar nicht.

sieht! Er muß perfekt passen – und ob das der Fall ist, kann
nur ein Fachmann sehen.

Wenn ihr einen neuen Sattel kauft, könnt ihr jemanden
von einem Reitsportgeschäft in euren Stall kommen lassen. Er wird mehrere Sättel mitbringen, und dein Pferd
muß sich dann geduldig einen Sattel nach dem anderen
auflegen lassen, bis der richtige gefunden ist. Nach Möglichkeit solltest du kurz probesitzen, ob der Sattel auch für
dich bequem ist – schließlich soll er ja euch beiden passen.

Wenn ihr einen gebrauchten Sattel kauft, solltet ihr unbedingt einen erfahrenen Pferdemenschen hinzuziehen, der
den Sitz des Sattels beurteilt. Das gilt auch für den Fall, daß
ihr den Sattel vom Vorbesitzer deines Pferdes übernehmt!
Denn leider achten viele Reiter viel zuwenig auf einen korrekt sitzenden Sattel.

Zum Sattel gehört eine **Satteldecke**. Du solltest auf jeden
Fall zwei davon besitzen; denn wenn eine schmutzig oder
naß ist, willst du ja sicher nicht aufs Reiten verzichten. Achte vor allem darauf, daß sie unter dem Sattel keine Falten
werfen und gut zu reinigen sind.

Satteldecken aus dickem Filz muß man nach jedem Reiten
vom Sattel nehmen, trocknen lassen und anschließend
den Schmutz ausbürsten – das ist ziemlich mühsam. Ange-
nehmer sind solche Decken, deren Unterseite aus Lamm-
fell ist. Sie saugen den Pferdeschweiß gut auf und können
im Schongang in der Waschmaschine gewaschen werden.

Für den Sommer sind leichte Baumwoll- oder Frottee-satteldecken am besten: Man kann sie waschen, ohne daß sie Schaden nehmen, und sie trocknen schnell. Eine wirklich gute Sache sind auch Satteldecken aus dünnem Leder. Sie saugen den Pferdeschweiß überhaupt nicht auf, sondern lassen ihn am Pferdebauch ablaufen. Ledersatteldecken muß man vor dem ersten Gebrauch mit Lederöl tränken, so daß sie ganz weich und wasserabweisend sind. Nach dem Reiten können sie mit lauwarmem Wasser abgewaschen werden.

Westernreiter haben ihre dicken Pads und Navajo-Decken aus Baumwolle oder Wolle. Die meisten Pads sind aus dickem, flauschigem Material, das sich auch in der Waschmaschine waschen läßt. Die meist schön verzierten Navajo-Decken braucht man nicht zu waschen, denn sie liegen zwischen dem Pad und dem Sattel.

Halfter und Zaumzeug müssen natürlich auch gut passen. **Halfter** gibt es nicht in so vielen verschiedenen Größen, so daß du dir eventuell auch schon vor dem Kauf deines Pferdes eines anschaffen kannst. Aber das **Zaumzeug** muß genau aufs Pferd abgestimmt sein. Nimm auf jeden Fall eines aus gutem Leder und achte darauf, daß der bunte oder verzierte Stirnriemen zu deinem Pferd paßt. Wenn du wählen kannst, kaufst du am besten Zügel aus geflochtenem Leder dazu. Leider sind das die teuersten Zügel – aber auch die besten für Reiter und Pferd. Sie liegen weich in der Hand und sind ein bißchen elastisch, was für das Pferdemaul sehr angenehm ist.

Die **Trense**, also das Gebiß für dein Pferd, solltest du nur beim Fachmann kaufen. Es gibt leider viele Billiggebisse, die schlecht verarbeitet sind. Sie haben scharfe Kanten, die dein Pferd im Maul verletzen können, oder sie nutzen sich zu schnell ab. In einem guten Reitsportfachgeschäft wird man dich am besten beraten.

TIP

Lege doch jeden Monat ein paar Mark von deinem Taschengeld in die „Pferdekasse". Wenn dein Pferd erst mal da ist, bist du vermutlich froh darüber.

Vorbereitung und Eingewöhnung

Vermutlich würdest du dein Pferd nach dem Kauf am liebsten gleich mitnehmen, schließlich gehört es jetzt ja dir. Aber das wäre unklug, denn vorher sind noch ein paar Dinge zu organisieren.

IMPFPASS KONTROLLIEREN

Hat dein Pferd einen Impfpaß? Eigentlich sollte jedes Pferd einen solchen Paß haben, in den jede Impfung vom Tierarzt eingetragen wird.

Ganz besonders wichtig ist das bei der jährlichen Tollwutimpfung, die muß unbedingt vom Tierarzt eingetragen werden, sonst wird sie im Ernstfall nicht anerkannt (siehe Seite 54).

Wenn dein Pferd noch keinen Impfpaß hat, könnt ihr davon ausgehen, daß es bisher nicht korrekt und regelmäßig geimpft wurde. Also müßt ihr den Tierarzt bestellen und dein Pferd impfen lassen – am besten sofort.

Den Impfpaß legst du dann an einen sicheren Ort, an dem er immer gleich greifbar ist, denn er ist ein wichtiges Dokument.

Bevor dein Pferd endlich bei dir eintrifft, mußt du dich noch um einige Angelegenheiten kümmern

DAS ENTWURMEN

Weißt du, wann dein Pferd zum letzten Mal entwurmt wurde? Frage den Vorbesitzer, und wenn es die letzte Wurmkur nicht gerade in der vergangenen Woche bekommen hat, solltest du es gleich nach dem Kauf entwurmen. Am besten ist es, dein Pferd noch in seinem alten Stall zu entwurmen. Nachdem es die Wurmkur bekommen hat, scheidet es nämlich Würmer und/oder Wurmlarven aus – und die willst du ja sicherlich nicht gleich in deinem Stall haben. Du solltest also darauf bestehen, daß zwei bis drei Tage vor dem Transport deines Pferdes in den neuen Stall eine Wurmkur durchgeführt wird. Das Wurmmittel mußt selbstverständlich du bezahlen – schließlich ist es ja jetzt dein Pferd.

TIP
Laß dich wegen der regelmäßigen Entwurmung von deinem Tierarzt beraten. Er weiß, welche Wurmkur man zu welcher Jahreszeit anwendet.

Wenn die Wurmkur nicht mehr im Stall des Verkäufers durchgeführt werden kann, mußt du sie deinem Pferd gleich nach seiner Ankunft bei dir geben. Dann darf es aber wegen der Würmer, die es möglicherweise ausscheidet, für zwei bis drei Tage nicht auf die Weide – denn dort könnten sich die Würmer entwickeln und vermehren.

VERSICHERUNGEN

Selbstverständlich mußt du dein Pferd versichern, und zwar für verschiedene Risiken.

Die **Haftpflichtversicherung** ist ein Muß – daran ist nicht zu rütteln. Sie kommt dafür auf, wenn dein Pferd irgendeinen Schaden verursacht – und das ist schnell geschehen: Dein Pferd braucht nur einmal aus Versehen gegen ein Auto zu treten und eine Beule zu verursachen. Oder es reißt sich los und rennt auf die Straße – da kann schrecklicher Schaden entstehen, den man selbst gar nicht mehr bezahlen kann.

Für solche Fälle gibt es die Haftpflichtversicherung. Sie kostet zwischen 110 und 210 Mark im Jahr, je nach Versicherungsgesellschaft und Größe deines Pferdes. Wenn du Mitglied in einem Reitverein oder einer Freizeitreiter-Vereinigung bist, solltest du dich erkundigen, ob man dort einen Pauschalvertrag mit einer Versicherung abgeschlossen hat. Den kannst du als Mitglied nämlich nutzen, du bezahlst dann für dein Pferd etwa 110 Mark im Jahr.

Da du den Vertrag ja sowieso erst selbst abschließen kannst, wenn du volljährig bist, solltest du deine Eltern bitten, die verschiedenen Versicherungen zu vergleichen.

Fast alle Leute sind in einer **Krankenversicherung**. Das heißt, sie zahlen jeden Monat eine bestimmte Summe ein und brauchen dann Arztbesuche nicht zu bezahlen – das übernimmt die Versicherung.

Krankenversicherungen gibt es auch für Pferde. Allerdings sind sie ziemlich teuer, sie kosten etwa 800 Mark im Jahr. Bei einem normalen Verlauf des Pferdelebens lohnt sich eine solche Versicherung kaum. Wenn dein Pferd allerdings einmal schlimm krank wird, kommen schnell einige tausend Mark Tierarztkosten zusammen – dann wäre eine Krankenversicherung gut. Nur: Woher sollst du wissen, ob dein Pferd im nächsten Jahr krank wird oder nicht? Falls ihr eine Krankenversicherung abschließen möchtet, sollten deine Eltern die Versicherungsbedingungen genauestens durchlesen und die Angebote vergleichen – das lohnt sich!

Du kannst für dein Pferd bis zu einem gewissen Alter eine **Lebensversicherung** abschließen. Die Versicherungsgesellschaft zahlt dir dann eine vorher ausgemachte Summe, falls dein Pferd vor Erreichen dieses Alters durch Krankheit oder Unfall stirbt.

Eine Lebensversicherung für Pferde schließen oft Leute ab, die risikoreich reiten, bei denen ein Unfall also ohne weiteres vorkommen kann. Es kann allerdings leider immer passieren, daß ein Pferd sehr schwer erkrankt. Wenn es getötet werden muß, hast du durch die Lebensversicherung Geld für ein neues Pferd.

Aber Achtung: Die Versicherungsbestimmungen darüber, wann und wie ein Pferd getötet werden darf, sind sehr vielfältig. Bei vielen Versicherungen muß die Versicherung erst ihre Zustimmung geben – und was macht man dann in einem Notfall, wenn man das Pferd nicht unnötig leiden lassen will?

Du solltest dir gut überlegen, ob du eine Lebensversicherung für dein Pferd abschließt, oder ob du das Geld für die monatliche Versicherungsprämie nicht besser auf ein Sparbuch legst.

WER TRANSPORTIERT DEIN PFERD?

Wenn du Glück hast, bringt der Verkäufer dein Pferd zu dir. Dann brauchst du dich um nichts zu kümmern, sondern mußt nur pünktlich im Stall sein.

Ansonsten müßt ihr aber jemanden bitten, das Pferd zu transportieren. Es gibt Speditionen, die sich auf Pferdetransporte spezialisiert haben. Bei solchen Firmen könnt ihr anrufen. Oder ihr findet jemanden aus dem Stall, der einen Pferdehänger hat und dir dein Pferd bringt.

TIP

Es kann sein, daß dein Pferd nicht gleich in den Hänger gehen will und daß diejenigen, die es verladen wollen, es etwas fester anpacken als dir lieb ist. Trotzdem solltest du dich zurückhalten. Überlaß das Verladen bitte wirklich den Fachleuten – bald ist dein Pferd ja zu Hause und in deinen liebevollen Händen ...

Vorbereitung und Eingewöhnung

In jedem Fall ist es nicht deine Sache, das Pferd in den Transporter zu führen – in der Fachsprache nennt man das Verladen. Du kennst dein neues Pferd ja noch nicht so genau und weißt nicht, was es vom Autofahren hält. Deshalb solltest du das Verladen Fachleuten überlassen.

DEIN PFERD IN DER NEUEN BOX

Egal, ob dein Pferd in eine Box kommt oder im Offenstall leben soll – zur Begrüßung sollte es ein frisch ausgestreutes Zuhause, ausreichend Wasser und eine Portion gutes Heu vorfinden.

TIP

Wenn dein Pferd in die neue Box kommt, kannst du ihm zur Begrüßung ruhig ein paar Stück Möhren oder Brot geben – aber überfalle es nicht mit deiner Freude darüber, daß es endlich bei dir ist! Dein Pferd würde das nicht verstehen.

Hafer oder anderes Kraftfutter sollte es nicht gleich bekommen. Möglicherweise ist es im neuen Stall aufgeregt und schlingt das Kraftfutter hastig herunter; das ist ungesund und kann zu einer Kolik führen. Gutes Heu hingegen mögen alle Pferde, und die Knabberei beruhigt.
Auch ein Salzleckstein darf nicht fehlen. Am besten hängst

du ihn an einer stabilen Kette auf, aber nicht direkt neben dem Wasser. Sonst fallen vielleicht Salzstücke ins Wasser, und dann mag dein Pferd das Wasser nicht mehr. Ein guter Platz für den Salzleckstein ist eine ruhige Ecke, in der dein Pferd sich auch nicht versehentlich daran stoßen kann.

Das Heu solltest du weit von der Tränke entfernt auf die gegenüberliegende Seite der Box oder des Stalles legen. Es ist nämlich ungesund, wenn Pferde jeden Bissen Heu erst ins Wasser eintunken. Sie speicheln dann das Heu nicht ausreichend ein und kauen es nicht gründlich genug.

DEIN PFERD IM NEUEN OFFENSTALL

Wenn dein Pferd ab jetzt im Offenstall lebt, sollten auch dort Wasser, Heu, Stroh und ein Salzleckstein vorhanden sein.

Zu einem Offenstall gehört ja ein Auslauf – aber der Stall sollte auch geschlossen werden können. Am besten bringst du dein Pferd zuerst einmal in den Offenstall und schließt die Tür oder die Balken zum Auslauf.

So kann dein Pferd sich erst einmal an die nähere Umgebung gewöhnen, hat genügend zu fressen und zu trinken und kann hören, wie sich hier alles anhört . . .

Wenn du nach einiger Zeit den Eindruck hast, daß dein Pferd weder unruhig noch ängstlich ist, kannst du die Tür oder die Balken zum Auslauf öffnen. Jetzt kann dein Pferd auch sein weiteres Zuhause erkunden.

DEIN PFERD IN DER NEUEN HERDE

Eine Pferdeherde ist eine festgefügte Gesellschaft mit einer strengen Rangordnung. Jedes Pferd hat seinen Platz und verteidigt ihn. Wenn jetzt ein neues Pferd kommt, wird es erst einmal weggebissen. Deshalb kannst du dein Pferd nicht einfach in eine Gruppe anderer Pferde bringen – das gibt Ärger!

Jeder gute Stall, in dem die Pferde in Gruppen-Auslaufhaltung leben, hat neben dem großen Auslauf einen oder mehrere kleine Paddocks. Dorthin kommen fremde Pferde, die noch in die Gruppe integriert werden müssen. Die kleinen Ausläufe sind immer so groß, daß die Pferde der Herde den Fremdling nicht erreichen können, wenn er ängstlich vom Zaun zurückweicht. Wenn er aber an die Umzäunung kommt, kann er Kontakt zu den anderen Pferden aufnehmen.

In einem solchen Auslauf kann dein Pferd den ersten Tag und die erste Nacht in seiner neuen Heimat verbringen.

TIP

Achte mal darauf, mit welchen Pferden dein Pferd sich in der neuen Herde am besten versteht! Wenn dann etwas Besonderes wie der Besuch von Schmied oder Tierarzt ansteht, kannst du einen Freund neben deinem Pferd anbinden. Das gibt deinem Pferd das Gefühl der Sicherheit.

DIE ERSTEN TAGE

Manchmal gewöhnt sich eine Herde ganz schnell an ein neues Pferd, vielleicht in zwei oder drei Tagen. In anderen Fällen dauert es aber auch ein bis zwei Wochen, bis ein fremdes Pferd völlig akzeptiert wird. Und selbst wenn dein Pferd von Anfang an in der Herde geduldet wird, solltest du es nachts vorerst von den anderen Pferden trennen und in seinen Auslauf bringen. Denn nachts kann man die Pferde nicht beobachten, und wenn es dann ernsthaften Streit gibt, ist niemand da, der eingreifen oder ein verletztes Pferd versorgen kann. Meistens aber geht das Eingewöhnen in die Herde ganz undramatisch vor sich: ein paar Quietscher, ein bißchen Ausschlagen und Rennen, wenn die Pferde genügend Platz haben – und dann arrangieren sie sich. Dennoch sollte das erste Zusammentreffen deines Pferdes mit der Herde unter der Aufsicht erfahrener Pferdeleute stattfinden.

In diesen ersten Tagen solltest du dein Pferd möglichst in Ruhe lassen. Natürlich kannst du es aus dem Auslauf holen und mit ihm vielleicht ein Stück spazierengehen – aber mit dem Reiten solltest du dir noch ein bißchen Zeit lassen.

Auch wenn dein Pferd in einer Box lebt, solltest du es regelmäßig herausholen. Vielleicht gibt es in eurem Stall ja einen Auslauf, in dem es sich austoben kann. Das solltest du ihm sooft wie möglich gönnen.

Natürlich kannst du dein Pferd jetzt auch gründlich putzen und pflegen. Dabei redest du bestimmt mit ihm – und bist

Beim Spazierengehen kannst du dein Pferd mit der neuen Umgebung vertraut machen. Wenn es vor irgend etwas Angst hat, zeige ihm das Furchterregende ruhig und geduldig

sicherlich überglücklich, wenn es dir seinen Kopf zuwendet. So bekommst du den ersten persönlichen Kontakt zu deinem Pferd. Und bald wird es deine Stimme kennen und dir vielleicht sogar entgegenwiehern, wenn du kommst.

SPAZIERENGEHEN STATT REITEN

Auch wenn die anderen Leute im Stall es albern finden oder dich auslachen, solltest du am Anfang viel mit deinem Pferd spazierengehen. Am besten ist es natürlich, wenn du jemanden findest, der mit dir geht. In den ersten Tagen muß aus Sicherheitsgründen auf jeden Fall jemand dabeisein, aber da werden dich deine Eltern ja vielleicht sowieso begleiten.

Laß die anderen lachen – sie wissen nicht, was ihnen entgeht: Wenn du neben deinem Pferd gehst, kannst du sein Gesicht beobachten. Beim Spazierengehen merkst du es sehr schnell, wenn ihm etwas unheimlich wird oder wenn es nach dem Gras schielt, um zu fressen anstatt weiterzugehen. All das siehst du nicht, wenn du auf seinem Rücken sitzt.

Wenn du dein Pferd auf der Weide beobachtest, erfährst du viel über sein Verhalten

Vorbereitung und Eingewöhnung

Vom Sattel aus bemerkst du vieles erst dann, wenn dein Pferd sein Verhalten ändert, also zum Beispiel scheut oder zu fressen versucht. Wenn du neben ihm gehst, siehst du seine Absichten schon kurz bevor es handelt.

Das Spazierengehen verschafft dir den großen Vorteil, dein Pferd wirklich aus der Nähe kennenzulernen. Und umgekehrt lernt auch dein Pferd dich besser kennen – wie soll es das, wenn du nur oben auf seinem Rücken hockst!

Also geh ruhig spazieren und laß die anderen lästern, wenn sie meinen, Pferde seien nur zum Reiten da!

TIP

Setz dich doch einfach mal an den Rand der Weide und schaue deinem Pferd zu, wie es die Umgebung wahrnimmt: Schaut es hektisch bei jedem Geräusch hoch, oder nimmt es alles gelassen hin? Durch Beobachten kannst du viel über dein Pferd erfahren.

ZUM ERSTEN MAL AUF DEM EIGENEN PFERD

Auf diesen Moment hast du bestimmt schon lange gewartet: Endlich wirst du auf deinem eigenen Pferd reiten! Du hast schon eine Menge Arbeit geleistet, bis du dir diesen Traum nun erfüllen kannst: Du hast deine Eltern überzeugt, hast dein Pferd gesucht und gefunden, es gekauft, den Transport organisiert und es mit dir vertraut gemacht. Sicherlich hast du dir nach all diesen Vorbereitungen auch gut überlegt, wo du dein Pferd zum ersten Mal reitest.

IN DER REITSTUNDE

Vielleicht hast du nur die Möglichkeit, in der Reitstunde mitzureiten. Dann solltest du deinen Reitlehrer oder deine Reitlehrerin bitten, ein besonderes Auge auf dich zu haben. Denn schließlich bist du ja ein bißchen aufgeregt und kennst dein Pferd noch nicht so gut.

Vielleicht reitest du beim ersten Mal auch nur die halbe Stunde mit. Denn es kann gut sein, daß du dich an diesem Tag ein bißchen verkrampfst. Und es muß ja nicht sein, daß du dann steif vom Pferd steigst!

An diesem ersten Tag sollst du vor allem spüren, wie es ist, auf deinem eigenen Pferd zu reiten. Du hast dein Pferd noch lange genug – laß den ersten Ritt kurz sein und denke dafür später lieber in Ruhe darüber nach, wie es denn genau war. Beim zweiten Ritt weißt du dann schon mehr über dein Pferd und reitest viel gelassener und lockerer.

TIP
Schau jetzt als Pferdebesitzerin nicht auf die Mädchen herab, die kein eigenes Pferd haben! Nicht alle Eltern haben genügend Geld, um ihren Kindern ein Pferd kaufen zu können.

IM GELÄNDE

Viel schöner wäre es natürlich, wenn der erste Ritt auf deinem Pferd im Gelände stattfinden würde. Wenn dein Pferd geländeerfahren ist und du sicher genug im Sattel sitzt, spricht nichts dagegen.

Aber Vorsicht: Den ersten Ritt solltest du auf keinen Fall allein machen! Bitte einen erfahrenen Reiter mit einem zuverlässigen Pferd, dich für eine halbe Stunde mit ins Gelände zu nehmen. Dann kannst du dich ganz auf dein Pferd konzentrieren und schauen, wie es sich draußen verhält: Ist es aufgedreht oder ruhig, galoppiert es kontrolliert an oder stürmt es vorwärts? Mit einem gelassenen Begleitpferd an seiner Seite wird es sich bald wieder beruhigen.

Nach ein paar Ritten weißt du dann, wie sich dein Pferd im Gelände benimmt und ob du auch allein reiten kannst.

Der
Alltag

Jetzt, wo du ein eigenes Pferd hast, wird sich dein Leben vermutlich ziemlich verändern. Nicht nur, daß du weniger Zeit für andere Hobbys hast – du trägst auch die Verantwortung für ein lebendiges Wesen. Und dieses Wesen hat Ansprüche: Es will gefüttert, getränkt und gepflegt werden, es braucht Bewegung und nicht zuletzt Zuwendung und Liebe. All das muß organisiert werden!

EIN TERMINKALENDER MUSS HER

Ohne Terminkalender geht bei der Pferdehaltung gar nichts. Wetten, daß du nach einigen Wochen schon nicht mehr weißt, wann der Schmied zum letzten Mal da war? Und erinnerst du dich noch daran, wann die letzte Wurmkur durchgeführt wurde und wann dein Pferd wieder

Du bist nun dafür verantwortlich, daß dein Pferd gut
versorgt wird. Damit kommt viel Arbeit auf dich zu

geimpft werden muß? All das muß notiert werden, sonst verliert man schnell den Überblick.

Natürlich siehst du an den Hufen, wann der Schmied wieder fällig ist – aber was tust du, wenn er dann erst in zwei Wochen einen Termin frei hat? Und die Wurmkuren und Impfungen müssen unbedingt pünktlich vorgenommen werden, sonst sind sie wirkungslos. Also kaufst du dir am besten einen kleinen Terminkalender und legst folgende Spalten an:

- Wurmkur
- Schmied
- Tetanus-Husten-Impfung
- Tollwut-Impfung

In diese Spalten trägst du dann jeweils das Datum ein. Wenn du dazu noch vermerkst, was jede Behandlung kostet, hast du außerdem eine prima „Finanzübersicht".

WER FÜTTERT DEIN PFERD?

Wenn dein Pferd in einem Reitstall steht, wird es dort vom Futtermeister gefüttert. Erkundige dich genau, was es an Futter bekommt! Wenn es nicht viel arbeiten muß, sollte es nur ganz wenig Kraftfutter erhalten – sonst hat es nämlich überschüssige Energie, die es in der Box ganz kribbelig macht.

Lebt dein Pferd in einer Gruppen-Auslaufhaltung, so kann

es sein, daß dort Arbeitsteilung herrscht: Alle Pferdebesitzer teilen sich die Stallarbeiten, und ab und zu bist auch du mit Füttern an der Reihe. Das bedeutet eine große Verantwortung für dich, denn du fütterst ja nicht nur dein eigenes Pferd, sondern auch die Pferde anderer Leute. Wenn du also Stalldienst hast, darfst du ihn auf keinen Fall versäumen!

Präge dir gut ein, wie im allgemeinen gefüttert wird – schließlich sind Pferde Gewohnheitstiere! Weißt du, wieviel Futter jedes Pferd bekommt und welches Pferd zuerst gefüttert wird? All das mußt du ganz genau im Kopf haben, bevor du das Füttern in eigener Verantwortung übernimmst. Füttere ein paarmal mit den anderen zusammen – dann prägt sich dir alles besser ein.

TIP

Frage den früheren Besitzer deines Pferdes, was es zu fressen bekommen hat! Man darf das Futter nämlich nicht abrupt umstellen. Pferde haben ein sehr empfindliches Verdauungssystem.

WER PFLEGT DEIN PFERD?

In manchen Reitställen ist die Pferdepflege wie das Füttern und Ausmisten in der Stallmiete inbegriffen.

Natürlich würdest du dein Pferd lieber selbst putzen –

Der Alltag

Viele Arbeiten wie beispielsweise das Absammeln des Auslaufs
machen zu zweit mehr Spaß. Sicherlich findest du auch jemanden,
der sich um dein Pferd kümmert, wenn du mal nicht kannst

aber du solltest dir dazu mal folgendes überlegen: In vielen großen Ställen werden alle Pferde morgens geputzt.
Sie werden einzeln aus ihren Boxen geholt und zum Putz-
platz gebracht – nur dein Pferd würde übergangen und
müßte drinnen bleiben, bis du nachmittags kommst.
Meinst du nicht, du solltest deinem Pferd die kleine Ab-
wechslung gönnen, vormittags für eine Viertelstunde aus
der Box herauszukommen?
Du kannst dein Pferd ja nachmittags trotzdem putzen:
Nach dem Reiten ist es vielleicht verschwitzt und freut sich
über deine Pflege. Außerdem ist so dafür gesorgt, daß

dein Pferd auch dann geputzt wird, wenn du wirklich mal einen Tag nicht kommen kannst.

In einer Gruppen-Auslaufhaltung werden die Pferde von ihren Besitzern geputzt – meistens dann, wenn sie auch geritten werden. Das Fell solcher Pferde wird ja vom Wetter gepflegt. Der Regen wäscht den Schmutz aus dem Fell, und der Wind fegt den Staub weg. Außerdem können sich die Pferde wälzen und dabei ihre Haut massieren. Wenn dein Pferd in Gruppen-Auslaufhaltung lebt, bist du allein dafür verantwortlich, wie oft es geputzt wird.

Das ist natürlich schön: Du hast dein Pferd ganz für dich. Aber dein Pferd ist auch allein, wenn du einmal krank oder im Urlaub bist. Hier solltest du rechtzeitig Vorsorge treffen und einen anderen Pferdebesitzer fragen, ob er im Notfall mal einspringen würde. Du könntest ihm anbieten, dich umgekehrt auch um sein Pferd zu kümmern. Damit wärt ihr beide beruhigt, und eure Pferde wären versorgt.

BEIM HUFSCHMIED

Jedes Pferd braucht in regelmäßigen Abständen einen Hufschmied.

Es gibt Pferde, die ohne Hufeisen laufen können – aber es sind wenige. Bei solchen Pferden muß der Schmied nur alle paar Monate die Hufe korrigieren. Das nennt man Ausschneiden. Zwischen den Besuchen des Schmieds berunden viele Reiter die Hufe ihrer Pferde mit einer groben Hufraspel. Für die Hände von Jugendlichen ist die Hufraspel jedoch einfach zu schwer. Und nicht nur das: Das korrekte Berunden der Hufe erfordert viel Erfahrung. Du solltest das also lieber dem Schmied überlassen!

Wenn dein Pferd Hufeisen braucht, muß der Schmied alle sechs bis zehn Wochen kommen. Am besten nimmst du den Schmied, der auch die anderen Pferde im Stall beschlägt. Wenn mehrere Schmiede in den Stall kommen, solltest du den wählen, der am freundlichsten mit den Pferden umgeht.

Ich kann nur hoffen, daß du ein schmiedefrommes Pferd gekauft hast. So nennt man Pferde, die beim Ausschneiden und Beschlagen stillstehen.

Vielen Pferden hat man leider nicht beigebracht, daß die Behandlung durch den Schmied schmerzlos und ungefährlich ist: Sie haben jedesmal eine Wahnsinnsangst, und manche zappeln und toben richtig herum. Wenn du so ein Pferd hast, kannst du die Hufe nicht selbst aufhalten, sondern brauchst einen erfahrenen Pferdemann dafür.

Ich kann dir nur wünschen, daß dein Pferd beim Schmied brav ist! Es ist nämlich eine sehr langwierige Sache, einem Pferd die Angst vor dem Schmied zu nehmen.

IN DEN FERIEN

Vermutlich sind deine Eltern nicht damit einverstanden, daß du in den Ferien allein zu Hause bleibst, weil du dein

Der Alltag

Pferd versorgen willst. Da hilft nichts: Du mußt mit deinen Eltern wegfahren, und dein Pferd bleibt hier.

Damit dein Pferd in diesen Wochen gut versorgt ist, mußt du rechtzeitig Vorsorge treffen: Du solltest schon lange vor den Ferien planen, wer sich um dein Pferd kümmern wird.

Wenn du keine Freundin hast, die es gern tun würde, kannst du am Schwarzen Brett im Stall einen Aushang machen: „Ich fahre in Ferien – wer hat Lust, mein Pferd vom ... bis ... zu versorgen?" Mit solch einer Suchmeldung findest du bestimmt jemanden, dem du schon eine Zeitlang vorher zeigen kannst, wie du alles gern hättest. Wenn deine „Urlaubsvertretung" allerdings eine Jugendliche ist, sollten deine Eltern mit ihren Eltern über die Haftung sprechen, falls etwas passiert.

Auf jeden Fall mußt du dafür sorgen, daß dein Pferd während deiner Ferien gut versorgt wird und genügend Auslauf hat.

Das
kranke Pferd

Niemand denkt gern daran, daß sein Pferd krank wird – aber das kann ganz plötzlich geschehen: Es kann sich zum Beispiel den Fuß vertreten und lahmen. In einem solchen Fall mußt du sofort wissen, was du zu tun hast. Manche kleinen Verletzungen sind nicht so dramatisch, daß du sofort Hilfe holen mußt, aber beispielsweise bei einer Kolik zählt jede Minute.

FÜR DEN NOTFALL

Hast du die Telefonnummer von deinem Tierarzt im Kopf? Das wäre super – aber du mußt auch immer Geld zum Telefonieren im Stall haben, falls du in die Telefonzelle laufen mußt. Nicht jeder Stall hat ja ein eigenes Telefon.
Die Telefonnummer des Tierarztes sollte an einer gut sicht-

Das kranke Pferd

Wenn du dir nicht sicher bist, ob deinem Pferd etwas fehlt,
solltest du für alle Fälle den Tierarzt holen

baren Stelle im Stall notiert sein, und zwar auf einem Zettel, den man mit in die Telefonzelle nehmen kann. Neben der Telefonnummer sollte ein Umschlag mit Geld zum Telefonieren und/oder eine Telefonkarte deponiert sein. Und nicht vergessen, neues Telefongeld hinzulegen, wenn du es weggenommen hast!

Wenn es mehrere Pferdebesitzer im Stall gibt, sollte auch eine Liste mit deren Telefonnummern vorhanden sein. Falls du an einem Pferd etwas Außergewöhnliches entdeckst und nicht weißt, ob du den Tierarzt anrufen sollst oder nicht, fragst du am besten beim Besitzer des Pferdes nach.

DIE NOTAPOTHEKE

Eine Notapotheke für Pferde muß mit allem ausgerüstet sein, was man für Erste-Hilfe-Maßnahmen benötigt – und sie muß übersichtlich geordnet und gut greifbar sein.

In einem großen Stall gibt es sicherlich eine solche Notapotheke. Am besten fragst du den Stallbesitzer danach. Und wenn es keine gibt – was nicht der Fall sein sollte! –, richtest du dir in deinem Putzfach selbst eine ein.

Im Grunde kannst du dazu einen Erste-Hilfe-Kasten nehmen, wir es fürs Autofahren Vorschrift ist. In solch einem Apothekenkästchen findest du alles, was du im Notfall brauchst.

Du kannst dir aber auch selbst eine kleine Notapotheke zusammenstellen.

Dazu benötigst du folgendes:

- ein bis zwei breite elastische Bandagen,
- zwei bis drei sterile Wundauflagen (bekommt man in der Apotheke),
- ein großes Paket Verbandswatte,
- ein Desinfektionsmittel,
- ein Puderspray zur Behandlung von Schürfwunden,
- eine Tube Wundsalbe,
- ein Fieberthermometer,
- eine steril verpackte Wundschere und
- einige saubere alte Handtücher oder Leintücher.

Deine Notapotheke gehört in einen sauberen verschließbaren Kasten, der immer griffbereit ist.

TIP
Führe eine Liste über den Inhalt deiner Notapotheke. Wenn du einen Gegenstand herausnimmst, mußt du ihn ja gleich wieder ergänzen!

WANN MUSST DU DEN TIERARZT HOLEN?

Nicht bei jedem Krankheitssymptom mußt du sofort den Tierarzt holen. Damit du aber im richtigen Moment das Richtige tust, solltest du dir die nächsten Seiten gut durchlesen und einprägen.

In diesen Fällen mußt du sofort den Tierarzt holen:

- Wenn sich ein Pferd wälzt, wenn es schwer atmet, schwitzt und/oder sich nach dem Bauch umschaut. Das könnte eine **Kolik** sein.
- Wenn ein Pferd hustet, röchelt und krampfhaft nach Luft ringt. Das könnte eine **Schlundverstopfung** sein – das heißt, Fremdkörper können in die Speiseröhre oder in die Luftröhre eingedrungen sein und dort feststecken.
- Wenn ein Pferd starr steht und sich nicht bewegen kann. Das deutet auf **Kreuzverschlag**, **Wundstarrkrampf** oder auf eine **Hufrehe** hin.
- Wenn ein Pferd eine stark blutende Verletzung hat.
- Wenn ein Pferd stark lahmt oder mit einem Bein nicht auftreten kann.

Ganz wichtig: Bevor du den Tierarzt anrufst, solltest du tief Luft holen und daran denken, wie wichtig es ist, daß du Ruhe bewahrst. Von dir hängt es jetzt ab, ob der Tierarzt sich ein Bild von dem kranken Pferd machen kann.

TIP
Achte darauf, daß du in der Notapotheke immer einen Stift und Papier hast! Dann kannst du dir notieren, was der Tierarzt sagt, oder beispielsweise den Namen eines Medikaments aufschreiben.

Das kranke Pferd

Schildere ihm möglichst ruhig, was du gesehen hast, und achte genau darauf, was er sagt. Denn bis er kommt, kannst du dem Pferd nach seinen Anweisungen vielleicht helfen.

Der Tierarzt muß kommen – aber nicht sofort:

● Wenn dein Pferd länger als zwei Tage leicht **lahmt**. Bedenke, daß Lahmen der Ausdruck von Schmerz ist! Und wenn deinem Pferd länger als zwei Tage ein Bein weh tut, kann das etwas Ernstes sein. Bei starkem Lahmen solltest du allerdings keine zwei Tage warten, sondern den Tierarzt sofort holen.

Wenn dein Pferd lahmt, mußt du es dem Tierarzt an der Hand vortraben. Oft kann er dabei schon sehen, wo das Pferd Schmerzen hat – beispielsweise im Huf, an den Sehnen oder in einem Gelenk

- Wenn dein Pferd **hustet**. Jeder Husten muß behandelt werden. Ein nicht auskurierter Husten kann zu schweren Lungenschäden und sogar zum Tod des Pferdes führen.
- Wenn dein Pferd nicht frißt. Wenn es zwei Mahlzeiten hintereinander das Futter verweigert, solltest du den Tierarzt rufen. Es kann sich um eine **Magenverstimmung** oder ähnliches handeln, vielleicht tun deinem Pferd aber auch die **Zähne** weh.
- Wenn dein Pferd trotz richtiger Fütterung und Pflege über längere Zeit matt und müde erscheint.

Hole Hilfe – aber nicht den Tierarzt:

- Wenn dein Pferd sich in der Box oder sonst irgendwo festgelegt hat und nicht mehr allein hochkommt.
- Wenn dein Pferd „durchdreht", sich also von dir nicht mehr anfassen läßt.

DEIN PFERD IST LÄNGER KRANK

Es gibt Erkrankungen, bei denen Pferde längere Zeit in der Box oder im Offenstall stehen müssen und nicht geritten werden dürfen. Das ist eine arge Geduldsprobe für die Pferde – und für die Besitzer.

Denke daran, daß dein Pferd weniger Futter braucht, wenn es sich nicht bewegen darf. Wo soll es denn mit all der Energie hin, die ihm das Futter liefert? Du solltest den Tierarzt fragen, wie dein Pferd gefüttert werden soll, und dich genau an seine Anweisungen halten. Frage ihn auch, ob du deinem Pferd ab und zu ein Leckerli geben darfst. Es gibt Erkrankungen wie beispielsweise die Hufrehe, bei denen das *strengstens* verboten ist! Wenn der Tierarzt es verbietet, solltest du dich strikt daran halten – auch wenn es dir noch so schwerfällt.

Ich denke, es ist selbstverständlich, daß du dich um dein krankes Pferd intensiv kümmerst. Du besuchst es jeden Tag und putzt es gründlich. Es darf jetzt ja nicht auf die Weide oder in den Auslauf und kann sich deshalb nicht wälzen. Also ist es auf deine Pflege besonders angewiesen.

Nach dem Putzen solltest du dich noch eine Weile zu deinem Pferd setzen und ein bißchen mit ihm reden. Ich habe immer wieder festgestellt, daß kranke Pferde sehr dankbar dafür sind, wenn man sich um sie kümmert. Das festigt die Freundschaft und das Vertrauen zwischen Mensch und Pferd.

DEIN PFERD MUSS IN DIE KLINIK

Wenn dein Pferd in eine Pferdeklinik eingewiesen wird, mußt du dich von ihm trennen. Das ist natürlich hart – aber kein Tierarzt wird ein Pferd in die Klinik bringen lassen, wenn es nicht nötig ist.

Du mußt es also akzeptieren, dein Pferd nur selten zu sehen – je nachdem, wie weit die Klinik entfernt ist. Deine Eltern können regelmäßig in der Klinik anrufen und fragen, wie es deinem Pferd geht. Und damit mußt du dich leider zufriedengeben.

Denk in einem solchen Fall immer daran, daß dein Pferd bei einer schweren Krankheit in der Klinik viel besser aufgehoben ist als zu Hause. Denn dort wird es rund um die Uhr von Tierärzten betreut. Außerdem gibt es in einer Tierklinik eine viel bessere Ausstattung als in einem normalen Stall. Dein Pferd wird hier optimal behandelt und kommt hoffentlich ganz gesund wieder nach Hause.

DEIN PFERD IST NICHT MEHR REITBAR

Natürlich denkst du, daß du dein Pferd viele Jahre reiten kannst. Und wenn es einmal nicht mehr reitbar ist, bekommt es sein Gnadenbrot bei dir. So sollte es sein, und bei meinen Pferden ist das auch so.

Manchmal aber kommt es anders als man denkt. Jedes Pferd kann sich beispielsweise eine Sehnenverletzung zuziehen. Es ist möglich, daß eine solche Verletzung ganz ausheilt; es kann aber auch sein, daß dein Pferd zwar noch laufen, aber nicht mehr arbeiten kann. Das heißt, du kannst dein Pferd nicht mehr reiten.

Auch andere Verletzungen oder Krankheiten können zur „Unbrauchbarkeit" deines Pferdes führen, wie die Fach-

Das kranke Pferd

Eines Tages kannst du dein Pferd vielleicht nicht mehr reiten.
Dann mußt du dich entscheiden, ob du es trotzdem behältst oder
ob du es weggibst

leute es nennen. Was dann? Du stehst jetzt vor der Frage,
ob du für dein nicht mehr nutzbares Pferd weiterhin Futter und Unterkunft bezahlen sollst – oder ob du es weggibst.

Weggeben – das bedeutet, dein Pferd als sogenanntes
Beistellpferd an einen anderen Pferdebesitzer zu verkaufen. Es kommt öfter vor, daß Leute, die nur ein Pferd haben, ein Beistellpferd suchen. Es soll einem einsamen Pferd
Gesellschaft leisten – sonst braucht es nichts zu tun.
Verantwortungsvolle Pferdebesitzer lassen ihr Pferd nämlich nicht allein leben, denn Pferde sind ja Herdentiere. Al-

so suchen sie einen Gesellschafter für ihr Pferd. Manche Leute begnügen sich mit einer Ziege oder einem Schaf – aber ein Pferd kann sich nun mal am besten mit einem anderen Pferd unterhalten . . .

Wenn dein Pferd nicht mehr reitbar, ansonsten aber gesund ist, wäre das vielleicht eine Lösung. Du solltest dir jedoch sehr gut anschauen, wohin du dein Pferd gibst. Am besten sicherst du dir das **Vorkaufsrecht**: Wenn die neuen Besitzer dein Pferd eines Tages wieder verkaufen wollen, müssen sie es dann zuerst dir anbieten. So kannst du sicherstellen, daß es ab jetzt nicht von Hand zu Hand geht und vielleicht doch beim Pferdemetzger landet.

TIP
Auch wenn du dein Pferd weggeben mußt, solltest du regelmäßig nach ihm schauen. Das muß natürlich nicht jeden Tag sein – aber alle zwei Monate ist es sicherlich ratsam.

Wenn du dein Pferd nicht weggeben, sondern behalten willst, wirst du möglicherweise einige harte Kämpfe mit deinen Eltern ausfechten müssen – besonders dann, wenn dein Pferd in einem teuren Reitstall steht. Die wenigsten Eltern sehen es ein, für ein nicht mehr reitbares Pferd die teure Stallmiete zahlen zu müssen. Es kann sein, daß sie dich überreden wollen, dein Pferd doch wegzugeben.

Das kranke Pferd

Wenn du es behalten willst und ihr euch kein zweites Pferd leisten könnt, mußt du dir darüber im klaren sein, daß du ab jetzt kein Reitpferd mehr hast. Ab jetzt mußt du wieder Schulpferde reiten, was ja auch wieder Geld kostet, oder – wenn du Glück hast – die Pferde von Freunden. Dein eigenes Pferd darfst du nur noch putzen und pflegen; vielleicht kannst du auch mit ihm spazierengehen.

Ich kann dir nicht raten, was du tun sollst. Diese Entscheidung mußt du selber treffen, und ich weiß, daß dies sehr schwer ist.

DER LETZTE WEG

Ich wünsche es dir nicht – aber vermutlich kommt auch für dich einmal der Zeitpunkt, dich von deinem Pferd zu verabschieden.

Pferde können gut fünfundzwanzig Jahre und älter werden; ich selbst habe ein vierzigjähriges Pony, das noch putzmunter ist. Irgendwann aber stirbt jedes Pferd, und daran denkt niemand gern.

Es ist ein Fehler, diesen Gedanken immer weit wegzuschieben. Denn es kann jeden Tag ein Unglück geschehen, das einen dazu zwingt, das geliebte Pferd töten zu lassen, damit es nicht leiden muß. Oder es wird langsam so alt, daß ihm das Leben nur noch eine Last ist – auch dann sollte man sich entscheiden, es zu erlösen.

Diese Entscheidung ist furchtbar. Ich habe sie selbst zweimal treffen müssen, und beide Male habe ich tagelang vorher geheult und nächtelang nicht geschlafen. Ich konnte an nichts anderes mehr denken als an mein Pferd.

Beide Pferde waren lange bei mir gewesen, und ich hatte viel mit ihnen erlebt. Ich habe jedesmal lang gezögert mit der Entscheidung. Aber ich war mir darüber im klaren, daß ich sie treffen müßte, weil es für mein Pferd das beste war. Daß ich darüber traurig war, war im Grunde nicht wichtig. Wichtig war nur, daß mein Pferd nicht mehr leiden mußte.

LASS DEIN PFERD NICHT ALLEIN

Auch wenn es dir entsetzlich schwerfällt, darfst du dein Pferd in seiner letzten Stunde nicht allein lassen.

Es hört sich grausam an – aber es ist gar nicht so schlimm zu sehen, wie ein Pferd stirbt. Wenn ein Pferd fachkundig eingeschläfert oder mit einem Bolzenschußgerät getötet wird, geht das blitzschnell! Das Pferd selbst merkt vermutlich gar nichts davon, in Sekundenschnelle ist alles vorbei.

Du mußt das mit ansehen, und das tut weh. Aber es ist zehntausendmal besser, wenn du siehst, wie schnell das geht, als wenn du dir später verkehrte Vorstellungen machst.

Es ist unverzeihlich, wenn man sein Pferd dem Pferdemetzger einfach mitgibt und nicht weiß, was mit ihm geschieht. Laß das nicht zu! Liege deinen Eltern in den Ohren, nerve und quäle sie – kämpfe darum, wirklich bis zur letzten Sekunde bei deinem Pferd zu sein.

Auch wenn das Pferd geschlachtet werden soll, kann das in der vertrauten Umgebung geschehen. Fast jeder Pferdemetzger ist bereit, in den heimischen Stall zu kommen. Und du solltest dabeisein.

Wenn dein Pferd dann tot ist, kannst du weggehen. Du hast für dein Pferd getan, was du tun konntest – und du solltest es so in Erinnerung behalten, wie es war.

Ein eigenes Pferd - ein Traum?

Es ist einfach toll, ein eigenes Pferd zu haben, ganz für sich allein. Man kann mit dem Pferd machen, was man möchte, und wenn man es genug liebt, wird es auch alles für einen tun.

Der Gedanke, jeden Nachmittag mit dem eigenen Pferd zu verbringen, kann einem schon über den Schulmief und vieles andere hinweghelfen. Es ist einfach schön, daß es ein Wesen gibt, das zu einem gehört, mit dem man gemeinsam die Natur erleben oder auch mal auf ein Turnier gehen kann. Mit einem eigenen Pferd bist du endlich unabhängig. Du mußt nicht mehr warten, bis du dran bist in der Reitstunde; und du mußt nie mehr Pferde reiten, die du eigentlich gar nicht reiten willst. Du kannst dein Pferd so reiten, wie es dir gefällt.

Ein eigenes Pferd – das ist schon ein Traum.

Ein eigenes Pferd – ein Traum?

Ob aus dem Traum vom eigenen Pferd ein Alptraum wird, liegt in deiner Hand. Wenn du dir von Anfang an alles gut überlegst, kannst du viele herrliche Jahre mit deinem Traumpferd verbringen

... ODER EIN ALPTRAUM?

Bestimmt nicht, denkst du. Mit meinem Pferd beginnt eine ganz neue, herrliche Zeit. Ja – aber damit beginnen auch viele Verpflichtungen für dich. Du kannst nicht mehr einfach am Wochenende zum Rock-Festival fahren – wer sorgt dann für dein Pferd?

Außerdem könnte es sein, daß du Probleme mit deinem Pferd bekommst. Vielleicht hast du bisher nur Schulpferde geritten, die geduldig und viel gewohnt sind. Jetzt hast du möglicherweise ein junges Pferd, das noch nicht so erfahren ist – genau wie du, sei ehrlich. Das kann verdammt ins Auge gehen: ein junges Pferd, das Anleitung braucht, und eine junge Reiterin, die selbst noch viel lernen muß. Und da junge Pferde mehr Kraft und Energie haben als junge Mädchen, kann die Sache ganz schön schief gehen.

Das muß nicht sein – und wenn du vorher lange und gut genug überlegst, passiert das vermutlich auch nicht.

- Überlege, ob du genug Zeit für dein Pferd hast.
- Überlege, ob du wirklich schon gut genug reitest, um einem Pferd mitteilen zu können, was es tun soll.
- Überlege, wer dein Pferd versorgt, wenn du in die Ferien fährst.
- Überlege, ob du wirklich genug Geld hast, um den Tierarzt zu bezahlen, wenn dein Pferd schlimm krank wird.

Ein eigenes Pferd – ein Traum?

● Und überlege, ob du es aushältst, bis zur letzten Sekunde bei deinem Pferd zu bleiben, wenn es krank ist und sterben muß.

Es ist wunderbar, ein eigenes Pferd zu haben. Ich weiß, wovon ich rede, denn ich schaue beim Schreiben aus dem Fenster und sehe meine Pferde und meine Hunde draußen. Es ist ein herrliches Gefühl, Pferde in seiner Obhut zu haben und mit ihnen durch den Wald zu streifen oder auf ein Turnier zu gehen.

Aber man trägt auch eine große Verantwortung. Du weißt, Pferde klagen nicht laut. Jeder Hund jault, wenn ihm etwas weh tut – Pferde leiden still. Und du bist dafür verantwortlich, daß dein Pferd nicht leidet, daß es bei dir ein Zuhause findet und sich wohl fühlt.

Wenn dein Pferd nicht vor dir wegläuft, wenn du mit dem Halfter kommst, sondern es freudig angetrabt kommt und dich begrüßt – dann weißt du, daß es zufrieden und glücklich ist und sich gern von dir reiten läßt. Wenn das so ist – was willst du noch mehr? Dann hat sich dein Traum erfüllt.

Adressen

Deutschland:

Deutsche Reiterliche Vereinigung
Freiherr-von-Langen-Straße 13
D-48231 Warendorf
Telefon: 0 25 81 / 6 36 20

Pferdezuchtverband
Baden-Württemberg
Heinrich-Baumann-Straße 1-3
D-70190 Stuttgart
Telefon: 07 11 / 16 65 50

Landesverband
Bayerischer Pferdezüchter
Landshamer Straße 11
D-81929 München
Telefon: 0 89 / 92 69 67 13

Landespferdezuchtverband
Berlin-Brandenburg
Hauptgestüt 10
D-16845 Neustadt/Dosse
Telefon: 03 39 70 / 1 32 01

Verband Hannoverscher
Warmblutzüchter
Lindhooper Straße 92
D-27283 Verden
Telefon: 0 42 31 / 67 30

Verband Hessischer
Pferdezüchter
An der Hessenhalle 5
D-36304 Alsfeld
Telefon: 0 66 31 / 7 20 11

Verband der Züchter
des Holsteiner Pferdes
Steenbeker Weg 151
D-24106 Kiel
Telefon: 04 31 / 3 08 98

Verband der Pferdezüchter
Mecklenburg-Vorpommern
Speicherstraße 11
D-18273 Güstrow
Telefon: 0 38 43 / 68 52 30

Verband der Züchter des
Oldenburger Pferdes
Donnerschweer Straße 72-80
D-26123 Oldenburg
Telefon: 04 41 / 98 06 10

Rheinisches Pferdestammbuch
Endenicher Allee 60
D-53115 Bonn
Telefon: 02 28 / 70 33 64

Pferdezuchtverband
Rheinland-Pfalz-Saar
Pferdezentrum
D-67816 Standenbühl
Telefon: 0 63 57 / 8 97

Pferdezuchtverband Sachsen
Winterbergstraße 98
D-01237 Dresden
Telefon: 03 51 / 2 36 10 01

Pferdezuchtverband
Sachsen-Anhalt
Frommhagenstraße 55
D-39576 Stendal
Telefon: 0 39 31 / 21 28 59

Verband Thüringer Pferde-
züchter
Lisztstraße 4
D-99423 Weimar
Telefon: 0 36 43 / 2 48 80

Westfälisches Pferdestammbuch
Sudmühlenstraße 33
D-48157 Münster
Telefon: 02 51 / 3 28 09 81

Österreich:
Bundesfachverband für
Reiten und Fahren
Geiselbergstraße 26-32/512
A-1110 Wien
Telefon: 01 / 7 49 92 61

Schweiz:
Schweizer Verband für
Pferdesport
Blankweg 70, Postfach
CH-3072 Ostermundingen
Telefon: 0 31 / 9 31 56 24

Die Autorin

Uta Over stammt aus einer Pferdezüchterfamilie in Mecklenburg-Vorpommern. Die bekannte Fachjournalistin für
Pferde hat mehrere Bücher veröffentlicht und schreibt seit
vielen Jahren regelmäßig für verschiedene renommierte
Pferdefachzeitschriften.

Uta Over setzt sich in all ihren Veröffentlichungen besonders für die artgerechte Pferdehaltung und für den liebevollen und verantwortungsbewußten Umgang mit Pferden ein. Die Autorin lebt mit ihren Pferden, Hunden und
vielen anderen Tieren auf einem kleinen Hof in der Eifel.

Sachregister